从流量到留量

私域运营全攻略

柚子妹○著

SPM 南方传媒 | 广东经济出版社
·广州·

图书在版编目（CIP）数据

从流量到留量 : 私域运营全攻略 / 柚子妹著. --
广州 : 广东经济出版社, 2023.8
ISBN 978-7-5454-8909-5

I. ①从… II. ①柚… III. ①网络营销 IV.
①F713.365.2

中国国家版本馆CIP数据核字（2023）第133603号

责任编辑 ： 周伊凌
责任技编 ： 陆俊帆
版式设计 ： 速溶文化

从流量到留量：私域运营全攻略
CONG LIULIANG DAO LIULIANG:SIYU YUNYING QUAN GONGLUE
出版发行 ： 广东经济出版社（广州市水荫路11号11～12楼）
经　　销 ： 全国新华书店
印　　刷 ： 广东鹏腾宇文化创新有限公司
（广东省珠海市高新区唐家湾镇科技九路88号10栋）

开　　本 ： 787mm×1092mm 1/32　　印　　张 ： 6
版　　次 ： 2023年8月第1版　　印　　次 ： 2023年8月第1次
书　　号 ： ISBN 978-7-5454-8909-5　　字　　数 ： 105千字
定　　价 ： 68.00元

发行电话： （020）87393830　　编辑邮箱：gdjjcbstg@163.com
广东经济出版社常年法律顾问：胡志海律师　　法务电话： （020）37603025
如发现印装质量问题，请与本社联系，本社负责调换。

前言

PREFACE

2018年12月29日晚，窗外华灯初上，车水马龙，我一个人在房间里喜极而泣。因为我刚整理了自己的存款情况，意识到了一件我做梦都想不到的事情：我竟然“年入百万”了！要知道就在去年年底，我还负债30万元。

我的起点很低，没有显赫的家庭背景，父母都是农民，文化水平不高，也没有多少积蓄。中考时，我努力考上了县里的重点高中，这在我们村是一件很光荣的事情。高考后，因为家里经济状况不好，虽然我的高考成绩过了本科第二批次的录取分数线，但因学费昂贵，最后我选择了离家1000多公里的江苏镇江的一所大专院校。

当时有很多人不理解，读个大专而已，为什么要跑那么远，简直就是瞎折腾。但我心里很清楚自己要的是什么，我希望有一个新的开始，能够按自己的意愿过一生。

很多人上大学或者第一次出远门时都是家长送，但是我的父母没有多余的时间，也没有多余的预算。19岁第一次出远门的我买了从老家梅州到镇江的火车硬座，其间中转的时候因为舍不得住宾馆，我在候车大厅过了一夜。

尽管没有钱、没有天分、没有美貌，但并不妨碍我有仗剑走天涯的梦想。上大学期间，我一直勤工俭学：发过传单，在食堂端过盘子，在学校门口摆过地摊……在几乎不向父母要生活费的基础上，我把自己赚的钱投到了学习和旅行上。凭着自己的努力，我在大学期间穷游了北京、济南、上海、杭州、苏州、昆明、丽江……我相信，只有看到了更美好的东西，才会想要努力去争取更美好的生活；只有眼界和格局高了，才能知道自己和“牛人”的差距在哪里。

三年努力奋斗的大学生活并没有让我一毕业就熠熠生辉。我所学的专业是园林工程技术，2013年7月毕业后，因为是专科文凭，所以尽管我在网上向很多公司投了简历，但是全都石沉大海。

再后来，家里费尽心机托人帮我找了一份在深圳一家上市的园林公司做资料员的工作，与我所学的专业对口，但我没被留在深圳公司总部，而是被派往了位置偏僻的项目部。

原本以为自己毕业后能在高档写字楼中当个白领，没想到被外派到了工地，每天与钢筋混凝土打交道。这份工作没有假期，有的只是赶工期。我承认，这不是我喜欢的工作，但是我明白，只有先解决温饱问题，才能谈发展问题。

在工地项目部任职的两年多时间里，我在不断地寻找目标。我想进公司的品牌中心，但是学历不够，也没有相关的经验。于是，我想到了“曲线救国”，申请调岗回公司总部做行政专员。在这期间，有一个很好的契机，领导为了将项目部的文化更好地展示出来，准备请人做一个网站。我自告奋勇，接下了这个任务，我觉得自己必须全力以赴抓住这个机会。

做网站本来是一个不被看好的项目，但经过3个月的努力，我将网站运营得风生水起，我的名字也被公司越来越多的人知道。很多人听到我的名字后，都知道这个姑娘很会写文章。在这个网站运营的一年多的时间，我写了上千篇稿子，包括新闻稿、随笔等。

虽然是理工科出身，但我对文字的热爱超出了自己的想象。在工作期间，我会帮别人改文章，做文字背后的工作者。工作之余，我很喜欢在微信朋友圈记录自己的生活。此前我从来没有想过，改变我的命运的竟然就是微信朋友圈。

从入职的第一天起，我就梦想进入公司的编辑部（即后来的品牌文化办公室）。在一次年会中，我加了企业文化部经理的微信。当编辑职位有空缺时，他向我抛来了橄榄枝。他说："每天看你发的朋友圈都充满了正能量，感觉你经常学习，还经常做公益活动，你有没有兴趣来我们部门面试一下？"

就这样，我通过两轮面试，开启了真正的文字工作生涯。我做采访、做编辑，边学，边看，边成长。

5 年时间里，我在同一家公司轮换了 4 个岗位，从资料员到行政专员，再到企业文化专员，最后到新媒体专员。每个岗位都带给我不一样的体验，也让我飞速成长。在这期间，我利用业余时间继续学习，逐渐找到了让知识变现、让流量变现、让朋友圈变现的窍门。

其实，我在朋友圈变现的起步并不是很顺利。我卖过鞋子，一件件代发，因为退货问题，自己还倒贴了一些钱；我还卖过洗发水，由于缺乏经验，所以销量平平。但是，我没有放弃，而是不断在失败中总结经验，直到我开始帮大姨卖柚子。

卖柚子的契机很简单：我的大姨是个农民，没什么销售渠道，我只是想多帮她卖几斤柚子而已。我主动出击，从拼团按个卖，到最后能一次性卖 40 斤，靠着口碑和转介绍，慢慢有了比较稳定的客户。后来，在 2018 年，我创造了 3 天卖出 1 万多斤柚子的纪录，让很多人知道了我——柚子妹。2019 年，我又创造了自己的新记录，在朋友圈 6 小时卖掉了 1.3 万斤柚子。我与大多数微商的做法不同，我认为只有绝对的信任才能带来绝对的成交，我不刷屏，不走低端博眼球的路线，我做的只是在朋友圈树立适合自己的人设，然后再去卖货。

如果畏首畏尾，就会失去很多机会。曾经普通得不能再普通的我想改变命运，不再为钱所困，所以选择了主动出击，才有了现在事业上的起色。

很多人只看到了我取得的成绩，但只有我自己知道，这是我不断学习的结果，也是我用心对待每一件事的结果。

我慢慢积累起来的小成就让很多“贵人”注意到了我。“在行”平台第一运营行家杨坤龙老师邀请我为他的会员分享卖柚子的经验；刘润老师也邀请我到商业社群“进化岛”中分享心得；我的朋友圈创作思路和独特的卖货模式还得到了奥美前广告人、畅销书《爆款文案》作者关健明老师的认可和推崇，我在他的社群“老关的营销圈”进行了数十次的分享……

我不是一个天赋异禀的人，也没有特别讨巧的途径与方法，我所做的就是坚持行动和保持积极向上的心态。我每天都坚持学习，因为我相信，再小的努力乘以365天都会变得很大很大；再大的困难除以365天，都会被弱化、变小，小到我们有能力去解决。我希望通过这本书，把自己的成长历程和经验分享给各位读者，希望我积极、阳光、健康的心态可以感染你们，希望我慢慢摸索出来的经验和技能可以帮助到你们。

目 录
CONTENTS

第一章
CHAPTER
1

入门：月薪 3000 元的职场新人也能实现财务自由

第二章
CHAPTER
2

涨粉：想要价值百万的主角光环，先要摆脱路人甲的思维困境

第三章
CHAPTER
3

人脉：朋友多了，“路”好走

第四章
CHAPTER
4

文案：你不是忙，你只是不爱学习

第五章
CHAPTER
5

变现：创造属于你的百万价值

- 月薪 3000 元的工地资料员的逆袭之路
- 没钱没渠道的我 3 天卖了 10000 多斤柚子
- 生命中的拐点隐藏在朋友圈中
- 成功可以复制，个性必须原创

第一章

CHAPTER

1

入门：月薪 3000 元的职场新人也能实现财务自由

01

月薪3000元的工地资料员的逆袭之路

你去过工地吗？那里充满了挖掘机的轰鸣声，在场的人要通过对讲机才可以沟通；每当运送石材的货车经过，都会尘土飞扬，顿时让现场的人都看不清彼此；工地上的人们没太多的讲究，休息、吃饭时大家往往席地而坐，一群人吃着盒饭，赶着工期……

高考失利后的妥协

因为高考失利，没有考上心仪的学校，我选择去一所学费便宜的专科院校就读。当时家中还有一个即将参加高考的弟弟，一个普通家庭同时供两个学生真的很不容易。我害怕面对失败，我需要在离家远一点的地方一个人疗伤，慢慢地提升自己，慢慢地自愈，所以我把志愿填到了离家千里的江苏省。

我选择读自己根本不了解的园林工程专业，是因为这个专业的学费很低。对于大部分人来说，大学生活充满美好回忆，但对于我来说却充斥着痛苦，每天都要面对大量枯燥的图表和数据，还差一点儿因为专业课不及格没办法毕业。就这样，我浑浑噩噩地度过了大学时光。

原以为毕业后情况就能好转，但事实并非如此。家里人帮我找了一份资料员的工作，我接受了家里的安排。参加完新员工培训后，我就被派往公司旗下一个位于湖南衡阳的工地。这里跟我想象中的工作环境完全不一样，没有高档的写字楼，也没有机会穿高跟鞋和裙子，梦想与现实出现了巨大的落差。

我得先求生存，才能谋发展。所以，我选择了留在工地。

在工地一待就是两年，但我始终没有放弃回公司深圳总部的想法。在工地的日子里，熬夜写会议纪要是常有的事情，顶着烈日去工地收集资料是家常便饭，工地上很多人都喊我“黑妹”。但我知道我终将会离开工地，过上我想要的生活。

当一个个项目结束后，我开始了申请调回深圳总部的漫长的过程，但每一次都被驳回，回深圳的日子遥遥无期。别人都说：“只有特别努力，你的成功才能看起来毫不费力。”难道我用错力了吗？我开始自我怀疑。

在多次尝试申请调回总部失败之后，我开始考虑离职。

这时我才意识到，如果我继续将就下去，不做出选择，那么我的一生可能就是这样了。我不能再荒废自己的人生，做着自己不想做的工作。于是我开始逼自己做出选择。

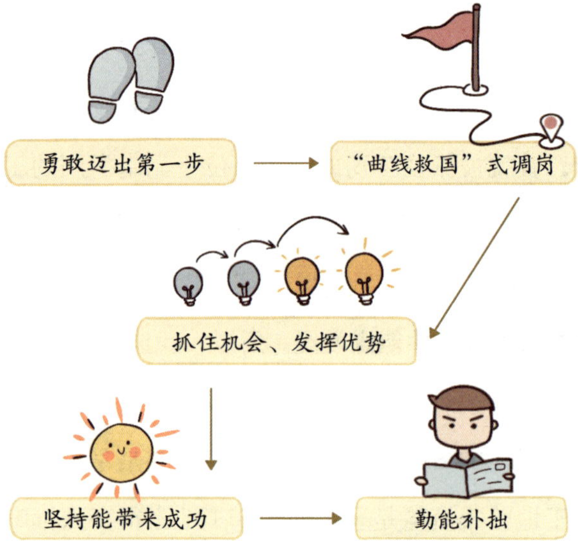

▶ 第一步：与其将就，不如勇敢迈出第一步

关于离职，我考虑了很久，毕竟自己没有其他技能，学历也不高。但是我也清楚地认识到这份工作并不是我想要的。

没想到机会来得特别快，恰逢公司总部的领导来项目部考察，我第一次鼓起勇气提出离职。有时主动并不是一件坏事情，因为那一次的主动，让我回深圳总部的事情有了转机——我获得了调岗的机会。

▶ 第二步：“曲线救国”，再次调岗

调回公司总部后，领导安排我做预决算专员，我很努力地去适应这份工作，但是我发现自己做不好，这个岗位也不是我想要的，于是我又开始了“曲线救国”。

我瞄准了综合部的岗位，恰逢公司组织年会，我向综合部经理申请安排一些工作给我。因为人手不够，加上综合部经理看我表现不错，就直接向我的直属领导申请借调。

就是这次借调，让我再次获得了调岗的机会。

▶ 第三步：抓住机会，发挥优势

我的新岗位是初级行政专员，什么活都得干，比如收发快递、发放工作用品等。其间，我也开始接触品牌文化方面的工作，还在公司年会上加了企业文化部经理的微信。

有一次，公司要做企业文化宣传，重点是宣传公司已完成的精品工程项目。我在工地待过两年，很了解一线的工作情况。

于是，我认真思考和构思如何去宣扬工地文化以及精品工程项目，并提交了一个方案——在公司搭建一个内网作为精品工程的载体，请项目部的同事投稿。

我寻求信息中心的同事配合，同时向品牌文化中心的同事请教，还为大家申请了稿费奖励，以激发大家的投稿积极性。从最初的方案设计到最后的方案落地，只花了两个月时间，我也因此得到了很多同事和领导的好评。在那一年，我修改的新闻稿以及其他文稿有 1000 多篇。

通过这些经历，我不仅收获了工作带来的自信，还发现了文字的力量。

第四步：坚持是能带来成功的

整整一年，我都在兢兢业业地工作，小心翼翼地经营人际关系，默默地锻炼文笔。我知道工作不是做给领导看的，而是要实现自我成长的。我不再将精力放在那些我暂时无法达成的梦想上，而是专注于眼前的目标以及手里的工作，尽力去做得更好。

工作之余，我会在朋友圈分享生活、工作、学习情况，这个习惯一直保留至今。当时的我并不知道，坚持发朋友圈这件事会让我的人生有了转机。

功夫不负有心人，我在年会上加过微信好友的企业文化部经理“看上”了我，当时他们部门要在公司内部招人，他首先想到了我。原因竟然是“看你发的朋友圈很正能量，所以觉得你比较靠谱”。谁能想到我会因为朋友圈而获得面试机会！

后来，企业文化经理和品牌总监一起面试了我，他们破格录取了我。要知道品牌管理中心的员工都是本科或者研究生学历，而我只有专科学历，专业也不太对口。从那时起，我开始明白，机会都是自己创造出来的。

▶ 第五步：勤能补拙

来到新部门后，我的主要工作是写稿子。因为文字功底比较薄弱，所以别人一天可以写完的稿子，我加班加点也要三天才能完成。我并没有因为稿子一次次被领导退回而气馁，相反，我很珍惜对方给我提的修改意见。此时的我，骨子里的韧性被激发了出来：我不睡觉也要写出令领导满意的文章来。

经历了前三个月反复写稿的锻炼，我终于可以承担编辑的工作了。在公司的内刊上，编辑栏里有了我的名字，我还写过十几篇优秀文稿。

所有这些经历，对我来说都弥足珍贵，我第一次拿到了超过 10000 元的稿费。这笔稿费对我来说是一笔巨款，让我激动不已。

就这样，我靠着给自己制订的灵活多变的“职业规划”，从一个月薪 3000 元的工地资料员，成为我梦想中的“职业女性”。当我穿着职业装，坐在公司总部的办公大楼里时，当我加班到深夜时，总会想起那一段在工地上的艰苦日子，它激励着我更加努力地往前走。

做选择很难，但人生就是在一个一个的选择中度过的。选择不将就，才是成为自己真正想成为的那个人的第一步。

02
没钱没渠道的我
3 天卖了 10000 多斤柚子

说起卖柚子，在很多人看来，或许不是一件很光鲜的事情。有时我会在深圳的高档写字楼里拖着几麻袋柚子上电梯。有人投来异样的眼光，我也只能说："不好意思，借过。"偶尔有热心人问需不需要帮忙，让我很感动。

当时，我在深圳上班，工资虽然不高，但维持生活还是足够的，不至于要靠卖柚子来补贴生活。我是梅州人，梅州是著名的"金柚之乡"。我大姨家就有一片柚园，收成不错，但批发商把价格压得特别低，如果没有其他销路，就只能低价出手，否则柚子就只能烂在手里。看到为家里柚子销路发愁的大姨，我真心想要为她做点什么。

第一次卖柚子

当时我看到有很多人在微信朋友圈卖东西，就决定帮大姨在我的朋友圈卖柚子。我在一个健身群中看到有人卖大米，于是我试着向群主说明了我的想法，没想到群主不仅爽快地答应我在群里卖柚子，并且还直接购买了 40 斤表示支持。群内的小伙伴们也纷纷下单。

健身群里的购买反馈给了我信心，于是我又加入了公司的水果拼团群。我试着模仿她们在群里开团的方式，主动推荐了大姨家的柚子，没想到一下子就卖出去几十个柚子。

有经验之后，再一次主动出击卖柚子

前两次的成功售卖让我对朋友圈营销产生了兴趣，“柚子妹”的昵称就是那时候我给自己起的，我希望别人看到“柚子妹”这三个字，就知道我就是那个卖柚子的姑娘。为了将销售信息传播得更广，我还写了几篇微信公众号文章，托人帮忙转发。

有一位项目经理看到了我的朋友圈，知道我在帮亲戚卖柚子，他就安排同事来找我买了柚子，这一笔订单使我一次性获利 4420 元。因为这笔大订单，我第一次完成了一天卖出超过 1000 斤柚子的成绩，内心无比激动。由此，我也更加感受到了朋友圈的潜在价值。

腾讯公布的数据显示，2019 年第一季度，微信及 WeChat 的合并月活跃账户数量达 11.12 亿。如果能将这个有着 11.12 亿用户的朋友圈加以开发利用，其带来的价值是相当可观的。

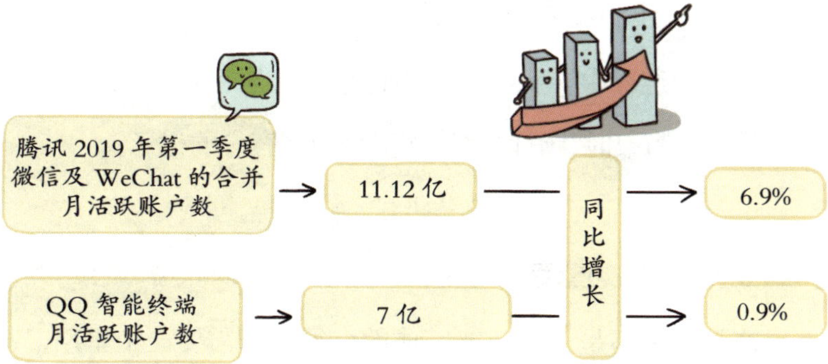

朋友圈新玩法，3 天卖了 10000 多斤柚子

柚子销量的真正爆发是在 2018 年 8 月，那时我在 3 天内卖了 10000 多斤柚子，就是这样一个成绩，让我被越来越多的人知道。坚持卖柚子 4 年，我似乎迎来了自己的春天。这次我采取的是**“朋友圈预热 + 社群发售”**模式，我将这个模式简单总结为以下 6 步。

▶ 第一步，选择符合自己人设的产品

我与大多数在朋友圈卖货的微商不同，我不刷屏，不走低端博眼球的路线，而是在朋友圈树立符合自己形象的人设，然后再去售卖与人设相符合的产品。

▶ 第二步，在朋友圈进行预热

在宣传过程中，我会提前制造悬念，勾起客户的好奇心。在制作宣传海报时，好的宣传文案会加深客户的记忆。

▶ 第三步，持续宣传

产品宣传不是一天就能完成的，很可能需要一个星期，甚至更久。如何持续吸引客户关注，逐步提高他们的购买欲望呢？我们可以在朋友圈发起抽奖、集赞领奖等互动游戏，不断提高客户的参与度，逐步推升产品热度。

▶ 第四步，在开售前打消客户的疑虑

如何转变客户犹豫不决的态度？客户犹豫不决大多是因为价格、产品质量等因素。因此，我们可以在开售前在朋友圈发布老客户反馈的好评截图或使用感受，或展示知名人物、行业

专家等对产品的肯定性评价，提高客户对产品的信任度。同时，可以开启产品预售入口，迅速转化第一波客户。

▶ 第五步，利用营销手段刺激社群销售

在正式开始发售后，我们可以使用“限时”“限量”等关键词，或是以“前 200 名购买的客户买一赠一”等方式，发布最新优惠措施，并发布产品库存统计的数据，强化客户购买的紧迫感。

▶ 第六步，做好售后维护

售后服务可以解决顾客在购买过程中遇到的问题，优质的售后服务还可以优化顾客的购买体验，同时巩固与顾客之间的关系，提高顾客信任度、满意度。做好售后服务不仅可以使顾客对你的个人形象形成正面的评价，还会为个人形象树立、产品推广、产品复购、裂变新客户提供重要助力。

3 天卖 10000 多斤柚子是我在朋友圈卖货的一个里程碑，也是我人生的一个重要转折点。接下来，我会详细说明每一个步骤的具体实施内容。

03 生命的拐点隐藏在朋友圈中

在接触朋友圈，做知识付费导师之前，我时常问自己："我一辈子就这样平庸地度过吗？我的生活还能有改变吗？"每次跟自己对话，都会让我内心煎熬，对未来未知的恐惧让我彻夜难眠，在不认命与向现实屈服之间挣扎，我感到迷茫而疲惫。

好在我平时就喜欢抄抄写写，这个爱好让我找到了一个情绪发泄的出口。在朋友圈，我隐藏了自己的负面情绪，而把积极向上的情绪毫无保留地展示了出来。

重新打造朋友圈

在正式辞职之前，辞职的场景已经在我的脑海里上演了成百上千次，但我迟迟不敢开口，因为我没有信心可以找到更好的工作。所以在犹豫和迷茫中，我在这家公司待了近 5 年时间，而银行卡余额从来没有超过 1 万元。

一开始，我总会抱怨命运对我不公平，但自从我选择在朋友圈展示自己阳光的一面后，我发现自己变得开朗了，有了很多具体的想法，也敢于去表达了，这对当时的我来说是一种新的突破。

▶ 通过朋友圈重建生活的仪式感

什么是仪式感？对我而言，仪式感就是一种不断推动并支撑我在人生之旅中不断前行的温暖力量。

文字有着治愈人心的力量，我很庆幸自己选择了朋友圈这个窗口。它可以让我随时随地说出自己想说的话，记录当下精彩的瞬间，发朋友圈成了我生活里一件具有仪式感的事情。

在朋友圈中，我可以将自己的心情、生活、梦想等说出来，我把朋友圈当成自己的舞台，不管有没有观众，它都可以让我更爱自己、更爱生活。

▶ 坚持做自己喜欢的事

最初发朋友圈是因为自己热爱文字，文字能给予我力量。机缘巧合之下，帮大姨卖柚子的经历让我发现朋友圈还隐藏着“宝藏”。

在卖柚子的那几年，微商逐渐盛行，我也开始认真经营自己的朋友圈，决定重新打造它，没想到这个小举动，竟成为我人生中的一个重要转折点。

那时候，别人可能 1 个月才发 1 条朋友圈，但我每天都会发朋友圈，并且保持每天 2 ~ 5 条的频率。有很多人问我，你怎么每天都有那么多感受？每天发朋友圈不累吗？可我觉得做自己喜欢的事情，不需要理由就能坚持。

在坚持发了 5 年朋友圈之后，我迎来了爆发的机会。2017 年 8 月，我从公司辞职后回了老家，正赶上柚子上市的高峰期，我继续帮大姨在朋友圈卖柚子。

那个时候，我的微信好友不多，而且其中大部分是亲人和同事。但是，凭借着我在朋友圈打造的人设，大家都愿意信任我，并且愿意找我购买柚子。尝到了甜头的我，对朋友圈的市场价值更加敏感，促使我继续深入研究朋友圈。在不到两年的时间里，我积累了 20 个账号的朋友圈矩阵，有了数万个微信好友。

朋友圈变现的 4 个必经阶段

经过 5 年的积累和摸索，我总结出一套有效的方法，并且带领 10000 多人实现了朋友圈变现。

那么，如何实现朋友圈变现呢？

我将朋友圈变现分为四个阶段：初始期、扩充期、成长期、裂变期。每个人的朋友圈基础不一样，这四个阶段持续的时间也各不相同。

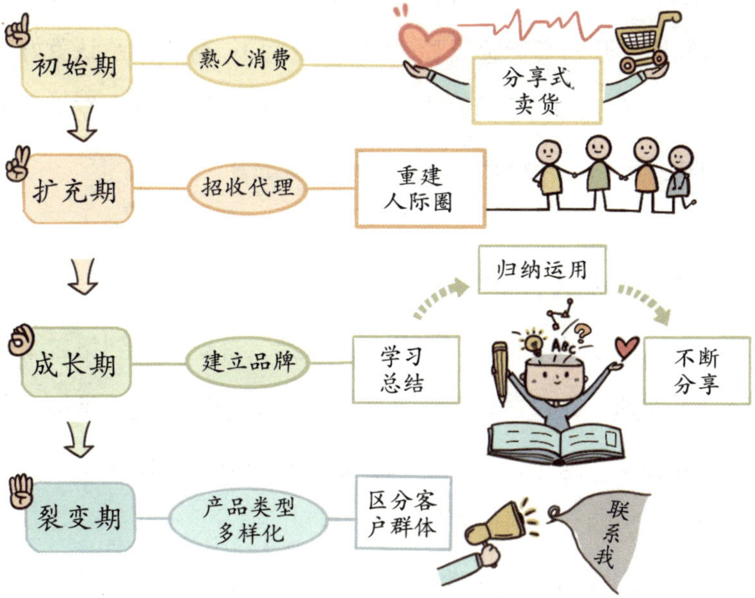

▶ 初始期：熟人消费

第一个阶段是初始期，当我们刚刚开启朋友圈卖货模式的时候，我提倡采用分享式卖货的模式，即在朋友圈里或者跟别人聊天的时候告诉对方自己买了什么，效果如何，不提自己在卖货的事情。

通常，你的第一批客户以熟人或朋友为主，他们对你有基本的信任，并不会因为你分享产品就不喜欢你。你也不要害怕熟人知道你开始卖货赚钱了，如果对方问了，你大方承认就好。

熟人消费后，要提高自己的服务意识，让客户为你带来更多的转介绍。转介绍是第一批生意裂变的开始。

▶ 扩充期：招收代理

在过了初始期为熟人服务的阶段后，你会上升到第二个阶段：扩充期。在这一阶段，你需要“混圈子”，也就是加入各种人际圈层，通过这些圈层重新建立自己的人际圈层，或者利用别人的影响力来帮你增加流量。

此时，我们可以在维护好老客户的基础上，将其进行精准转化，发展成我们的代理。

在与代理建立金钱关系之前，需要先建立信任关系。这种信任关系可以通过团队文化进行加固，团队文化就是在你与代理合作的过程中，为实现各自的人生价值，为了完成共同的团队目标而树立的一种意识。只有贯彻好自己的团队文化，代理才能在你的带领下齐头并进。如果没有团队文化，你可能只是在为别人作嫁衣，帮竞争对手培养人才。

▶ 成长期：建立品牌

我们身边有很多这样的人，他们带着对某一事物的好奇、热爱、执着等，不断在相关领域深入了解和学习，当他们在这些领域具有一定的专业性后，便会总结并且分享自己的心得。

我有个学员非常喜欢运动，包括跑马拉松、打羽毛球、爬山等。但她不怎么发朋友圈，所以几乎没有人知道她的这一特长。在找我做咨询时，我建议她把这些爱好在朋友圈里巧妙地展示出来，这样能吸引更多的人关注。我还鼓励她开设了付费社群，最终她每个月靠着自己的爱好就能有一定的收入。

其实这并不难，每个人都可以做到，只要你在某个领域有一定的专业度，就能建立起个人品牌。

▶ 裂变期：产品类型多样化

朋友圈变现的第四个阶段就是裂变期。

什么是裂变？这里的裂变指的是终端市场的裂变，也就是产品类型的多样化。

比如，我一开始建立的微信群都是以卖柚子为主，进入裂变期后，我会再寻找其他合适的项目在这些群内进行推广。出现对新产品感兴趣的客户时，我们不要心急，**注意不要在原有的社群售卖，而是将这些客户转移到新群中**。

有了主题性的社群之后，你就可以摆脱一对一高成本的售卖模式，而且社群里的客户可以为你提供客户证言，在一定程度上也会刺激别人下单。

04 成功可以复制，个性必须原创

我们不能选择自己的出身，但这并不代表我们不能赢在终点。

27 岁之前的我，人生一片灰暗。上了一所普通的专科院校，选了自己并不喜欢的园林工程专业，因为挂科，连续补考不过，差点连专科都毕不了业，一开始，我并没有舞台，更没有观众。那么，我是如何一步一步成为朋友圈的“尖子生”，靠朋友圈实现转变的呢？

打造朋友圈，实现朋友圈变现，首先要打造好个人形象。那么朋友圈里的个人形象要如何打造呢？下面针对朋友圈的 4 个关键要素进行详细介绍。

头像：塑造第一印象，专业靠谱又可信

在2016年的时候，我专门去学习了一些付费课程。其中有一门课程讲的是个人品牌的打造，里面就提到了微信头像的重要性。课程中提到，一个优质的头像可以减少我们与别人的沟通障碍，拉近彼此之间的距离。

既然是打造个人品牌，就要以自己为中心去打造人设，风景照、动物照、明星照、宝宝照、家庭合照、伟人照、卡通照、产品照等都不可用作头像。因为你的朋友是希望与你建立联系，对方只有认识你，才会跟你交流，才会对你产生信任。了解到头像的重要性之后，我立刻反思自己的微信头像。当时我的头像还是2015年去深圳世界之窗时拍的留念照，明显不符合要求。

“听话，照做，秒执行”，我花180元拍了一张个人照，并且把所有社交平台的头像都统一做了更换。因为个人品牌要统一，要让粉丝在所有平台看到的你的形象都是一样的，这样做不仅可以增加曝光率，还能让人更容易记住你，也就能进行品牌聚焦。或许有朋友会认为，自己的头像已经用了很多年，换了后别人会认不出自己。其实，我们可以有策略性地去过渡，让自己更好地改头换面。

昵称：打造行走的广告，简单难忘易传播

昵称就是行走的广告，要做到简单难忘易传播。

▶ 昵称的特性

适合自己的才是最好的。一个好的昵称一般具有以下三个特性：易称呼、易联想、易传播。

我的一个朋友叫王六六，3 个字的笔画都非常简单，而且读起来朗朗上口，他的名字就具有易称呼、易传播的特性。

我还有一个朋友叫安顿，她这个名字很容易让人产生联想："在大城市里，好想有个家，想安顿下来"。

▶ 昵称的禁忌

微信昵称的禁忌可分成以下三类。

第一类：营销特性太明显，容易被删除类。

（1）昵称前面加"A"。

（2）昵称后面加电话号码。

（3）各种高大上的头衔加真名。

（4）直接打广告，如"某某代理"。

第二类：不容易记忆和查找类。

（1）单纯的符号，或者带有不常用的符号。

（2）英文名称，或者中文夹杂英文。

（3）有生僻字、笔画多、难拼写。

（4）重名率太高：如小伟、芳芳等。

第三类：奇葩类。

如“别问我是谁、不在服务区、我没有昵称、正在输入中”等。

▶ 如何取一个好昵称

了解昵称的特性和禁忌后，如何给自己取一个好昵称呢？

第一种：在原名或者原昵称的基础上进行简化或者演变。比如，进行个别字的调整。

第二种：多用谐音，让你的昵称书写更简单。千万不要为了显示自己有文化，去查字典，专门用生僻字来作昵称。

第三种：把昵称和生活中常见的物品联系起来。比如与水果、蔬菜、动物等联系起来，然后再进行演变，比如我的昵称“柚子妹”。

此外，在换昵称的时候需要慢慢过渡。我一开始的昵称是“郭依依”，在过渡到“柚子妹”之前，我把自己的昵称改成了“郭依依 | 柚子妹”，引导大家关注“柚子妹”这个昵称，等大家都熟悉之后，再改成“柚子妹”。

另外还需要注意的是，昵称和头像不要同时换，要让客户先熟悉并记住你的新昵称，然后再换新头像。

如果因为同时换了昵称和头像，导致客户找不到你，那将会是一个大损失。

个性签名：占领专属标签，独特好记显价值

除了昵称和头像，个性签名也很重要。它的位置是在朋友圈头像的下方，好友点开你的朋友圈以后就能够看到。有的新朋友加你为好友之后，会通过个性签名来判断你的身份、喜好甚至是性格。

找到属于自己的个性标签

我们可以将个性签名当作对昵称的补充，虽然它的曝光率没有昵称高，但是包含的信息量却比昵称大。

在没有明确的个性标签之前，你可以选择一些能传递你的

价值观或者梦想的句子来当作个性签名。比如“人有善念，天地佑之”“爱出者爱返，福往者福来”这种代表自己的价值观、传递正能量的句子，又如“梦想要狂野，结果要自证”“只要坚持奔跑，路就会在脚下延伸”这类表达自己态度的句子。

随着时间的推移，你会从工作、生活中发现自己更多的兴趣爱好，也会慢慢找到属于自己的标签。我的标签就是从一句金句到后来的“朋友圈拆解诊断师”，到现在的“知识付费导师”，一直不断迭代的。

不过，个性签名里的标签最好不要超过 3 个，因为人们一下子记不住那么多内容，把最能代表你的特色的标签展示出来就可以了，其余的内容可以用每天发的朋友圈去补充，从而让你的人设更加饱满。

相册封面：放大品牌效应，简洁美观占心智

如果想让新加的微信好友了解我们，相册封面可以说是我们朋友圈永久免费的广告位。

很多朋友不重视这个广告位，只是随便上传了一张图片，或者根本没有考虑过设置相册封面，白白浪费了这个免费的广告位。

▶ 有价值的相册封面文案

既然是广告位，是不是可以大胆地在上面打一个硬广呢？其实我并不支持这种做法。微信好友认识你，了解你，更多的是希望从你身上获得价值。

所以相册封面只需抓住两个问题点：我有什么成就？我可以为你提供什么？ 越简洁、越好记，你能提供的价值越突出，你就能越容易给客户留下深刻印象，让他们时刻想起你。

比如，我的相册封面是下面这样的。

单纯个人照片

详细业务介绍

在微信中建立个人品牌，从头像到昵称、个性签名，最后到相册封面，都不容忽视，这 4 个元素的信息量是逐步递增的。而对于信息承载量最大的相册封面，我们一定要好好利用起来。

朋友圈的 4 个关键元素，其实就类似于新闻的倒金字塔结构，越上面的越核心，越下面的包含的信息量越大。我们可以将朋友圈的这几个元素迭代一遍，用全新的状态去迎接新的朋友。

路要一步一步走，饭要一口一口吃，不要操之过急。每一个成功者的背后，都有一个坚实的基础。只有遵循底层逻辑，我们才可以自由驰骋。

4 个元素 = 新闻的倒金字塔结构

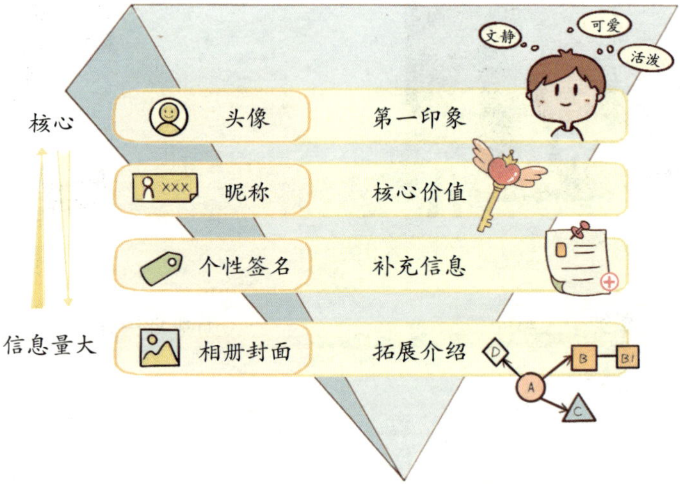

如果你还处在起步阶段，一定要学会借力。当你可以一步一步走起来的时候，就要树立起更远大的目标。

坚持自己独特的个性，每个人都可以在朋友圈的舞台上绽放光芒。写你想写的文字，认识你想认识的人，分享你想分享的好物。

- 万事开头难，从零开始，我找到了第一批千人付费用户
- “您好，我是卖柚子的柚子妹！”
- 活跃的“戏精”总是能受到更多的关注

第二章

CHAPTER

2

涨粉：想要价值百万的主角光环，先要摆脱路人甲的思维困境

01

万事开头难，从零开始，我找到了第一批千人付费用户

2017 年，我辞职回老家后，迷茫了很长一段时间。经过一段时间的思考，在家人的建议下，我选择到广州继续奋斗。

回想起我刚开始发朋友圈的时候，也曾害怕被领导说工作量不饱和，天天闲着没事儿发朋友圈；又害怕朋友冷落我，觉得我无病呻吟；更害怕家人说我不务正业……

幸运的是，我并没有因为害怕而放弃。我坚信朋友圈是普通人实现转变的最佳路径之一，只要找到自己的人生节点，逐个去突破，就会揭开人生的新篇章。

万事开头难，让自己走出去

如果你一直处于经济拮据的状态，感觉无论怎么努力都没有办法改变现状，你一定要看看自己的圈子是不是出了问题，要跳出圈子看问题。

在很长一段时间里，我都处于比较安逸的状态，对生活没有什么期待，而且长时间都是独自一人，自己不愿意走出去，差点把自己锁进一座孤岛。后来，我终于意识到自己的生活圈出现了问题，逃避和安于现状并不能改变问题，不会让我的生活变得更好。于是我决定主动出击，跳出现有的生活圈。

为了解决这一问题，我报了一门付费的主题课程。通过这门课程，我认识了一群志同道合的新朋友，隔着屏幕，我开始活跃在各大社群，我变得愿意开口分享，诉说我的故事。那个时候的我，开始绽放出一缕光，虽然很微弱，但是我知道，有一扇大门正在向我打开。

如何获取第一批付费用户？

营销界有一个很著名的鱼塘理论。这个理论把社群这种客户聚集的地方比喻为鱼塘，而客户就是鱼塘中一条条游动的鱼。

对于包括我在内的很多普通人来说，客户是稀缺资源。那么如何获取第一批付费用户呢？

直接找到拥有我们的精准目标客户的渠道（也就是鱼塘）进行交流对接，这是最高效的方式。

这里给大家推荐几个“鱼塘”，大家可以行动起来，把这些“鱼塘”里的“鱼”引入自己的私域，从而建成自己的“鱼塘”，获取第一批付费用户。

▶ 付费社群

选择你感兴趣的内容，加入相关付费社群。付费社群的成员是经过筛选的，里面的客户都比较精准，如果你能提供价值且引起群友的关注，那么你就成功了一半。

▶ 付费 App：如知识星球等

我们还可以选择通过一些付费 App 来拓展自己的流量池，在这些 App 中发帖、留言或者与他人互动等，通过 App 为自己带来新的流量。

我最常使用的是“知识星球”这款 App。在“知识星球”上，我会主动输出干货，吸引粉丝关注我。

如果你能坚持发表评论，就可以提高自己的曝光度，让“星主”发现你；如果你写的内容满满干货，还有可能被置顶，从而吸引更多的流量。

▶ 微信公众号、微博、短视频平台

在这些平台中，我们都可以找到一些私域流量的入口。

在拥有一定的粉丝基础后，很多人都会选择做自己的私域流量池（一般都是以社群的形式进行运营），你可以进入他们

的社群，找到你需要的资源。但需要注意的是，不能一进群就开始添加群成员为好友，这样会被举报甚至踢出社群，得不偿失。

▶ 淘宝圈、商场圈

在淘宝等电商平台上买东西时，我们可以看到很多卖家都在开展“加好友返现金”等活动，可以多多参与。因为我们可以通过店主加入店铺的淘宝圈、用户群等。

在商场等线下场所买东西时，你可以问卖家：“有售后群吗？想多了解一下。”一般情况下，只要有群，店主都会主动推荐给你。

对于我们来说，这部分社群的成员可能不是特别精准的客户，但是其胜在数量多、成员多，也是值得我们把握的机会。

我们要把消费思维转化为招商思维，把消费转化为建造流量“鱼塘”、为“鱼塘”获得“鱼”的机会。

▶ 微信读书、豆瓣

只要你每天坚持在微信读书上读书，就会有排名，就能让更多人看到你，你读的书越多，写的书评或者笔记越多，越能引起人们的关注。可以在微信读书的签名中附上你的微信号，豆瓣也同样如此。

学会混社群，提供你的价值

当我们的朋友圈需要人气的时候，怎样找到人呢？一般情况下，混社群是首选。

▶ 免费社群

免费社群包括小区业主群、家长群、水果售后群、鲜花拼团群、拼车群……

如果你能每天花 10 ～ 20 分钟的时间在社群中发言，你就能成为一个活跃分子。当你看到有同频的人在聊起某个话题的时候，可以主动添加对方为好友。但有个前提，不要一进某个群就向所有人发送添加好友的申请，这样不仅非常不尊重群主，而且通过率也非常低。

我们要多发言互动，让别人对我们有印象。**主动永远是取得成功的重要法宝**。

▶ 付费社群

你可以从自己喜爱或好奇的内容入手，选择适合自己的付费社群并参与进去，在付费社群里利用你的技能为社群成员提供帮助，从而吸引更多的人加你为好友。

能被人需要也是一种能力。在入群前期，我是一个社群活跃分子。只要群主出现，我必定在，群主不出现，我也会在，跟群员打成一片。

我还记得有个学习社群，群里有400多人，其中有350多个人主动添加我为好友。我每天活跃在社群里，帮群主维护社群，帮群成员解决问题，也会主动输出干货，长期的付出得到了别人的认可，他们自然想认识我，这便是我长期努力获得的最好的回报。

内容为王，多平台发布

内容为王，分享干货知识可以吸引很多人关注你。

首先，我们需要准备一些干货知识：美妆、穿搭、时间管理、手账、减肥……你可以专注于自己感兴趣或擅长的方面，写这方面的干货内容，不断深入发掘自己的潜能，然后存储在自己的文章库里。

在准备内容时，我们需要抓住热点，借助平台的流量，为自己增加曝光机会。比如在微博平台，想要被更多的人看见，就要在发布的内容中，添加热搜主题词，如 # 除夕夜 #、# 早睡早起 #……如果你是写微信公众号文章，则要在取标题上多费点心思，标题的吸睛度决定了文章的点击率，内容的可读性是次要的。此外，我们还要在文章里留下自己的联系方式，让别人能联系到我们。

其次，我们要多平台发布。可以在简书、微博、知乎、小红书、微信公众号、今日头条等多个平台发布你的内容。

最后，**所有平台都需要我们持续经营，才会有结果**。我们要在多个平台找到垂直话题或者专栏并坚持写下去。

另外要说的是，我们不要贪心，不要觉得每天都有几百人加自己为好友才是涨粉成功。哪怕每天只有 10 个人加你，日积月累，那也是非常可观的数字。当我们决定要做一件事情的时候，信念要足够坚定。花开有期，我们只管耕耘。

抓住 5G 时代的风口，学会做短视频和直播

2G 时代，我们通过短信与自己的同学、好友联系。3G 时代，我们花 5 元、10 元购买流量套餐，聊 QQ。4G 时代以后，很多人都利用微信做生意。现在微信已经不仅仅是一个社交媒介了，它帮助很多人找到了变现渠道。

随着 5G 时代的到来，短视频和直播已经成为潮流。我们要紧跟时代潮流，不断提升自己的能力。

刚开始做短视频时，如果你还不清楚自己的定位是什么，那么可以先做创业类型的账号。从养号到投放，最后到直播，需要经历一个过程。

当你拿到刚刚申请的短视频账号时，一定要先养号。如果你想做的是创业类型的账号，就去刷创业相关的视频，不要点开其他类型的视频，系统给你匹配你想要的视频类型，才算养号成功。一般来说要养 3 ~ 5 天，每天都要刷视频，养成用户习惯。

然后再进行视频创作并投放。你可以先模仿已经火了的视频，之后再进行创新。先模仿再创新，这样比较容易坚持，成功的概率也会比较大。

我们在创作短视频时，时长以 7 ~ 8 秒为宜。这样可以提高完播率，得到更多流量。

当你有了一定的镜头感以及临时控场能力的时候，就可以去各大平台直播了。下面分享几个直播技巧。

（1）提高直播的频率，提高短视频账号的权重。一般来说，直播频率越高，就越容易得到平台的推荐。但进直播间的用户不太固定，他们也看不了那么久，因此，你需要不断地告诉直播间的用户，你是做什么的，你能提供什么价值。

（2）引导用户关注你的短视频账号。你可以与用户互动，最好是采取能让直播间的人气高涨的措施，比如重复引导台词，如“关注主播不会迷路”“记得点右上角的关注哦”等，让进入直播间的用户关注你。还可以举行一些直播福利或抽奖活动，比如关注截屏抽奖，或让用户加你为好友领取礼品等。

在5G时代，人人都有机会，不要局限在“太难了”“我不行”“再看看”这些负面的想法里。先完成，再求完美。我们不要让自己的不自信阻碍了自己的成长。

在经营微信号的时候，我们可以同时注册多个账号，涨粉这件事要坚持做，你可以把拥有5000个微信好友当作一个里程碑，但它一定不是你的终点。

别人加你为好友以后，是不是就可以马上将他们转化为付费用户呢？并非如此，此刻还需要用更多的耐心去与这些新加的好友建立信任关系。我的办法是坚持发朋友圈，坚持让别人看见我在变好。**做一个长期主义者，得到的东西会比我们想象中的要多得多**。

02
“您好，我是卖柚子的柚子妹！”

“您好，我是卖柚子的柚子妹！”

在线下结识陌生人时，我们可以用简单的语言向别人进行自我介绍，从而和他们进行简单连接。

那么，在社群中遇到新朋友，我们应该如何自我介绍，才能让对方对我们产生兴趣，让更多的人主动来连接我们呢？

准备一份足够吸引社群好友的自我介绍

自我介绍也是一份“产品介绍”，相当于把自己当作产品介绍给新朋友，而新朋友就相当于买家。后期想顺利“成交”，那么前期**简洁明了地把自己的“卖点”展示给买家，**让他们对我们感兴趣就很关键了。

大多数人在写自我介绍的时候，要么找不到重点，要么就是长篇大论，这都是错误的。其实自我介绍不是要将我们所有能写的东西都罗列出来，而是要**简短、有力，重点突出**。

▶ 首先，准备一个自我介绍的基础模板

这个模板需要包括以下 7 个必备要素。

自我介绍模板

【昵称】：简单好记

【坐标】：方便同城连接

【职业】：你现在从事的工作

【标签】：附属身份

【个人擅长】：增加附属值

【成就】：增加说服力

【我能提供的价值】：促进连接

要素 1：一个简单好记的昵称

关于怎样取一个易传播的昵称，前文已经详细介绍过，这里不再赘述。

要素 2：一个方便同城连接的坐标

让新朋友知道你所在的城市，方便同城连接。

要素 3：你的职业，这是行业筛选的第一步

说明你在什么行业从事什么职业，可以让新朋友更有针对性地认识你。

要素 4：凸显自我价值的个人标签

个人标签是你给自己的定位或者描述。很多人都说自己没有标签，其实你可以结合自己擅长的点，重点打造一个标签。在我最初的自我介绍中，我打造了“朋友圈拆解诊断师”这个职业名称，而且还把这个职业名称带火了，很多人看到我的这个标签后会问什么是朋友圈拆解，于是我成功地吸引了很多人的注意。值得注意的是，很多标签不能乱用，比如中级会计师、心理咨询师等，这些都是需要通过考试获取的，没有相关证书的话就不能写。

要素 5：为你加分的擅长点

擅长点即你的兴趣、爱好以及特长。很多人会说自己擅长

唱歌、写作、运动等。其实这些可以写得更具体一点，比如，将唱歌换为流行乐、古典乐、民谣，将写作换为销售型文案、朋友圈文案，将运动换为羽毛球、网球、乒乓球。其他方面的擅长点也是如此，因为只有越聚焦，你才能越快速地找到同频的朋友。另外，擅长点最好不要超过 3 个，可以根据社群调性或者面对人群的不同进行微调。

要素 6：增加说服力的三个成就

你取得的成就，在你的自我介绍中可起到承上启下的作用，既能解释你上面提到的个人标签，也能为后面写你能提供的价值做一个权威背书。**成就不要写得太冗长，尽量分成几个方面来阐述，用数字分别列出来会更加直观。**人们对数字的检索能力比文字强，所以在描述中要多用数字，比如“千万流量操盘手”“帮助上千名抖音新手实现变现”等。

要素 7：我能提供的价值

用“我能提供的价值”抓住用户痛点，这是促进连接中很重要的一个环节。但不要轻易作出承诺，要留下悬念，有所保留，因为你可能还要保留一些信息去跟别人进行资源置换。

有些人为了把自我介绍写得更“高大上”，将很多失实的东西也写了进去，比如，有人会写“能够提供百万/千万流量”。普通人其实并不需要那么大的流量，还会一下子觉得两人没有交集，自然就不会想添加为好友了，得不偿失。

▶其次，根据不同场合有针对性地调整自我介绍的内容

在社交场合，很多人没有太多耐心看完你自我介绍里面的所有内容，因此，我们需要针对不同的场合、不同的对象，在自我介绍的基础模板上有针对性地进行修改，增减一些内容。

比如你加入的是学习群，在自我介绍中却突出自己是“游戏大神”，这与群的调性是不相符的。你可以展示自己在写作、阅读等方面的成绩，先尽量符合社群的调性，再寻找差异化。

如果持续学习的目的是变现，那么你就要在自我介绍的“成就”部分凸显自己的变现能力，让其他还在热衷学习的人知道你已经获得了成功，从而使他们想向你请教如何学习。

▶最后，将自我介绍不断迭代升级

人在不断成长的过程中会取得新的成绩。因此，我们向他人展示的自我介绍也需要不断迭代升级。

基础模板做好以后并不能一劳永逸，我们需要在这个基础模板上不断升级，找到属于你的、最吸引人的自我介绍。下面是我的自我介绍的迭代过程，希望可以为大家提供帮助。

首先是我的自我介绍的1.0版本。

柚子妹的自我介绍 1.0

【昵称】：柚子妹
【坐标】：广州
【职业】：朋友圈营销顾问
【标签】：朋友圈剧本第一人、带货女王
【个人擅长】：朋友圈卖爆货
【成就】：
（1）不到48小时，朋友圈变现金额超过100万元
（2）不到3个月，社群成交额超过1000万元
（3）帮助10000多人实现朋友圈变现
【我能提供的价值】：
（1）高转化率的朋友圈剧本设计
（2）微信社群的发售、成交策划
（3）企业或个人朋友圈整体优化

1.0版本的自我介绍是我在不断迭代的过程中总结提炼出来的，在没有什么业绩的时候，我会抓住当下的重点，取长补

短，先把自己“卖”出去，然后观察反馈情况，如果效果不好，我就继续迭代改正。经过一段时间的努力，我慢慢取得了新的成绩。我会在第一时间更新自我介绍的内容，将对自己最有利的内容展示出来，就形成了我的自我介绍的 2.0 版本。

柚子妹的自我介绍2.0

【昵称】：柚子妹
【坐标】：广州
【职业】：柚子家族创始人、朋友圈金牌讲师
【标签】：百万知识付费导师、朋友圈剧本第一人、朋友圈卖货女王
【个人擅长】：朋友圈文案拆解、朋友圈剧本打造
【成就】：
（1）在朋友圈 6 小时卖柚子 1.3 万斤
（2）在朋友圈 7 天创造 1000 万元的业绩
（3）帮助 10000 多位学员实现朋友圈变现
【我能提供的价值】：
（1）朋友圈剧本设计
（2）朋友圈成交培训
（3）朋友圈团队打造
【一句话记住我】：从月薪 3000 元到年入百万元

大家在写自我介绍时，一定要保证所有的内容都是真实的，不能弄虚作假，不然当别人真的找上门来合作时，你却没有能力接住，这就砸了自己的招牌。

发自我介绍的四个步骤

关于发自我介绍的步骤，**我总结了一个口诀："红包在前，介绍放中间，爆照在后，另外再附表情包。"**

不要先发自我介绍再发红包，否则你的自我介绍很容易被红包领取消息和群友列队感谢的发言给淹没。

发红包也是有技巧的。

首先，发红包时一定要在留言框里面添加内容。可以表示谦虚，如“新人柚子妹，多多指教”；也可以对社群表示赞美，如“柚子妹找到优秀社群了”；还可以表示身份，如“朋友圈拆解诊断师柚子妹”……千万不要浪费留言框这个位置。

其次，发红包的个数不要超过红包金额。不要发 10 元让 50 个人去抢，红包本就是为了活跃群里的气氛，过低的金额可能会打消大家的积极性。

那么，应该怎么发，发多少才合适呢？

我们可以根据社群调性决定红包的金额。普通的学习群一般发 20 ~ 50 元的红包就可以。如果是朋友定向邀请的社群，我一般是 100 元发 10 个红包，或者 200 元发 15 个红包。

发红包可以测试出社群的人气，当社群氛围被点燃后，你再发自我介绍就不会冷场了。

接下来就可以发一段自我介绍，再发一张你的照片。这里有一个小诀窍，不要发和头像重复的照片。如果你的头像是职业照，这时就可以发一张生活照。虽然说是生活照，但还是要适度美颜，出场形象一定要好，一定要学会把美好的东西展示出来。因为你给他人的第一印象对你们今后的交往有着重要的影响。如果对你第一印象好，别人在接触你时也会“先入为主”地认为你是一个值得认识或者交往的人。

发完照片后，可以再做一个引导，发一些比较活泼的表情包，诸如“重要的事情重复三遍”“你们可不可以偷偷地加我”“我什么都不知道”等，连续发几个表情包，会达到占据屏幕的效果，而且如果内容比较风趣幽默，大家也会喜欢。

注意避开发自我介绍的三个误区

无论在社群中，还是与新添加的好友私聊，发自我介绍的时候，以下三个误区一定要规避。

▶ 不要发图片，不需要花里胡哨的排版

自我介绍要能够让人一目了然。在社群中，爬楼看信息的人很多，如果你发的是图片，而别人没有及时点击下载，过期了就打不开了。另外，别人还要多做一个点开的动作去读取你的信息，所需动作越多，曝光的机会就越少。

▶ 不要长篇大论

尽量分点、分段罗列，这样阅读体验感也会比较好。

▶ 在社群里做自我介绍时，不需要多此一举地让别人添加你为好友

其实，别人看到你的自我介绍后，感兴趣的人会直接点你的头像将你添加为好友。自我介绍的版面本来就有限，所以要惜字如金，不必多此一举地让别人添加你。

03
活跃的“戏精”总是能受到更多的关注

被看见重要吗？

很重要，因为它会赋予你一种向阳而生的韧劲。

中考结束后，我很幸运地被一所重点高中录取了。可是在这所重点高中里，我没有什么存在感。直到高二的时候，因为语文成绩优异，我被语文老师选为课代表，我写的作文也经常被当作典范在同学面前展示。我被越来越多的同学看见了，也慢慢地找到了自信，更因此激励自己比从前更努力，形成了一个良性循环。现在想起来，我对文字的喜爱，大概就是从高中的时候开始的。

如今，我借助互联网的力量，活跃在各大社群，活跃在朋友圈，我被更多人看见了。在这个过程中，我建立了自己的个人 IP，也有了自己的粉丝，渐渐地有了一定的影响力。而这所有的成绩，都是努力被看见的结果。

主动出击连接群主的 4 个方法

要想被看见，我们就得主动出击。朋友圈营销离不开社群，我们既可以自己组建社群，也可以加入别人的社群。如果你缺乏经验，那么你可以先加入别人的社群，提升自己的运营能力以及连接能力。

社群是有一定生命周期的，一般在建群的 7 ~ 30 天是比较活跃的时期。慢慢地，社群的活跃度会降低，我们一定要赶在活跃度降低之前被群主、群友看见，并彼此成功连接，这样你就为你的人脉银行储备了存款。

下面介绍 4 个可以让你主动出击的方法。

方法 1：力捧群主。让社群不冷场，维护群主

- 群主发朋友圈时要点赞和评论，给群主留下深刻印象。
- 建立友好关系，看到与社群有关的资料要 @ 群主。
- 建立粉丝关系，每次群主发言时要及时回复。
- 建立信任关系，主动找群主私聊，表示感谢。

方法 2：当群助手。帮忙维护群规，整理群资料

- 做遵守群规的人，按规定修改群昵称，不乱发广告。
- 主动维护群规则，提醒群员修改群昵称，对乱发广告行为进行监管。
- 主动收集群干货，定期发布，主动热场子。
- 主动请缨当助手，“持证”上岗，有个好身份。

方法 3：主动解答。百问百答

- 先做个优等生，输出学习笔记。
- 有热情有温度，让人愿意接近。
- 会夸人会鼓励，提升亲和力。
- 在群内 @ 对方，了解情况，解决问题。

方法 4：持续输出。美图、干货、实用小技巧

- 每天坚持发美图，为群友提供发朋友圈的图片。
- 秀你的独门秘诀，吸引关注。
- 主动夸奖互动者，建立同盟。
- 带动其他人加入社群，制造舞台效果。

互相站台找同盟的两个方法

仅有自己主动还不够，我们还要在社群里找到自己的“同盟”，互相打配合，才能被更多的人看见，借力打力才能不费力。微光吸引微光，汇聚起来也能点亮星空。

下面分享两个互相站台找同盟的方法。

方法 1：好友互荐，借力打力更省力

- 先观察群友，知己知彼，方能百战不殆。
- 找到活跃者，互加好友，先让对方出彩。
- 建立强关系，互相推荐，得到群友认可。

方法 2：隔空喊话，醉翁之意不在酒

- 摸清社群调性，可以先将好友拉入群内。

- 持续分享干货，引起别人的关注。
- 抓到机会，群推好友的名片。

为什么要找同盟？因为我们不能一直孤军奋战，好的社群氛围是需要互动的，是需要人气的。

比如，你是卖瘦身产品的，如果没有人来配合你，你在社群里直接售卖产品，是不是会让群内成员讨厌，甚至被群主移出群聊？如果在一定话题的铺垫之下，有人来抛砖引玉，互相配合，群内成员自然聊天互动，自然而然就能带动气氛，推广产品。

比如，A：最近吃多了，新买的裙子没穿几次就穿不上了。有没有瘦身方法？在线等。

B：我最近都是靠运动维持身材，有时候偷懒，体重还会长两斤，完全是靠毅力在坚持，同求。

C：我是通过控制饮食瘦了 8 斤，管住嘴、迈开腿、多泡脚。我还买了 ×× 家的产品，还不错，你们可以私聊了解一下。

……

把减肥的话题“炒起来”后，你要恰逢其时地出现，把话题铺开，然后私聊意向客户，最后完成引流和成交。但如果你不是群主，就不要在群里聊太多关于产品的内容，以免被移出群聊。

如果你是群主，就可以发起一次产品团购接龙。因为群主有最高的解释权。你可以尝试去经营社群，提供更多的价值，提高用户黏性。当时机成熟的时候，就可以发起一次社群团购活动，完成批发式成交。

互动分享的 4 个方法

在社群里，我们不能只是给别人鲜花和掌声，也要适当地为自己争取机会当主角。下面分享互动分享的 4 个方法。

▶ 方法一：故事互动，有血有肉有情感

在分享故事之前，一定要先用感恩体的内容去获得更多人的好感。什么叫作感恩体？就是对帮助过你的人表达感恩之情。比如：感谢群主给我这个机会，让我给大家分享。再比如：感谢小伙伴们的信任和鼓励，让我有勇气来分享我的故事。

那么具体该如何分享故事呢？可以分为 3 个步骤。

第一步，先寒暄。

通常情况下，寒暄也是破冰的一个动作，能让你迅速进入状态。寒暄的对象就是群主和群成员，最好是所有在场的小伙伴，这样，互动频率会比较高，也能让分享的氛围更加浓厚。

第二步，讲收获。

分享的内容需要有一些干货，你的收获就是替别人总结经验，能让别人有获得感。

比如，你学习到的做思维导图的几个技巧，思维导图给你的工作和生活带来了哪些改变；又如，是哪种高效阅读的方法帮你建立了知识库，让你形成了什么样的知识体系；等等。把你的学习成果详细地分享给大家。

第三步，讲故事。

分享你的故事，让群成员产生共鸣、共情，和更多的人进行连接。故事不宜夸大，这样才能更好地塑造个人魅力。

比如，我会谈自己是如何坚持发朋友圈 5 年，从月薪 3000 元到实现财务自由的，或者我是如何搜集发朋友圈的素材的。

▶ 方法二：红包互动，在红包留言框内写上备注

在社群里发红包互动时，如果你想要跟别人不一样，可以一次多发几个红包，营造出满屏都是红包的氛围。如果这个

社群本身就有发红包的惯例，那么你就能很容易地把气氛带动起来。

此外，我们发红包的时候要配上文字，系统默认的“恭喜发财”没有太大的意义。如果我的团队卖货了，我会在红包留言框内写“卖出 × × × 件”“收 × × 元”；需要团队行动的时候，我会把社群文化写出来，比如“苟富贵，互相旺”“卡里有钱”等。这些文字可以是提前约定的，也可以是临时想出来的，但千万不要什么都不写。

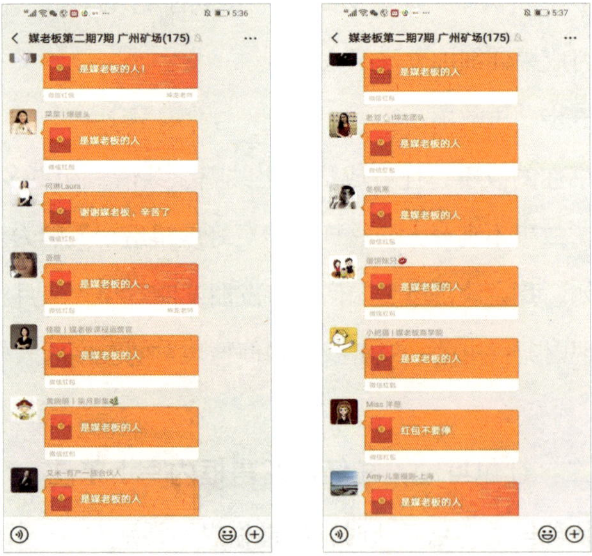

▶方法三：接龙互动，@一个主人公

在社群里进行接龙互动，又叫跟帖行动。用接龙互动在群内造势，不仅可以打造个人品牌，还能提升你在社群里的个人影响力。个人影响力提升了，会有更多的人对你感兴趣，你也会更有自信。

▶方法四：送礼互动，先发朋友圈再来邀请

最后是送礼互动，先提供价值，再埋下"钩子"。这个方法在社群和朋友圈都可以用。

你可以先发朋友圈，然后将截图发到社群中进行互动。发布群消息的同时进行引导，比如：各位小伙伴，我在朋友圈做了个活动，点赞送礼，想送给我们群里的小伙伴们，点赞参与就可以了。

其实这里就埋下了一个"钩子"——通过活动让群内的小伙伴添加你为好友。

但是，使用这个方法有一个前提，就是你得保证你之前在社群里是活跃的。如果你平时在群里不说话，即使做活动送福利能吸引参与的人也不会很多，所以平时多在群内发言是有必要的。

将你的素材分享到朋友圈

在社群里，遇到为自己加分的素材，一定要记得截图，然后分享到朋友圈，通过朋友圈将自己的变化过程展示出来，从而吸引更多的人。

比如，在朋友圈训练营招生时，当达到了重要的节点，也就是招生人数达到 500 人，群内小伙伴都在恭喜我的时候，我就会马上截图保存，留作发朋友圈的素材。

我们的成果都是靠一个又一个小成绩浇灌出来的，要格外珍惜这个成长的过程。

在我的朋友圈里，很多人对我有很高的信任度，是因为他们见证了我的成长。从 0 到 1 的过程我都在记录，从而让朋友圈的好友熟悉我。

被看见是一个持续的过程，而不是心血来潮。每一次成功的背后，都要经历一段难熬的时光，或孤独，或无助，甚至是别人异样的眼光。但是熬过那段时间之后就好了，渐渐地，就会有人发现你的坚持，为你加油鼓劲，拍手叫好。

- 学会感恩，别忘记第一个对你好的人
- 站在能够被看见的地方，才有可能被帮助
- 好好说话，才能连接到你想认识的人
- 不要想着跟所有人交朋友

第三章

CHAPTER

3

人脉：朋友多了，“路”好走

01 学会感恩，别忘记第一个对你好的人

2017 年 10 月，我来到广州，在这里，我一个朋友都没有，一切从零开始。已经有 5 年工作经验的我，原本以为薪资可以翻倍，可事实上，很多工作岗位我根本无法胜任，还得重新从基层员工做起。

如果向现实妥协，我将会过上一眼就能望到头的日子：回老家找份稳定的工作，然后结婚生子。可是，这不是我想要的生活。没背景、没人脉、没有钱的我，选择了在大城市打拼。

你认识谁重要，还是谁认识你重要

俗话说："你认识谁不重要，重要的是谁认识你。"人脉就是一面镜子，可以照出自己的样子。你是什么样的人，你有

多大的能力，处在哪个层次，看一看你的人脉就清楚了。

受父母的影响，我对自己的花销都是精打细算。我的月薪只有三四千元，但每个月扣除房租、水电费以及交通费用以后，我还会给家里 500 ~ 1000 元，就像定期储蓄一样。

有多少钱，就办多大的事情。对于超出经济承受能力的，我学会了延迟满足，基本没有出现过“断粮”的情况。

如果不是因为家人生病借的 14 万元需要还，我想我现在应该还在过着稳定的生活。我基本没有向人借过钱，但当我需要找人借钱周转的时候，我的朋友中没有人可以帮到我。

我开始思考自己的人生，是我的人缘不好吗？ 这也让我真正意识到，我认识谁并不那么重要，在我真正需要帮助的时候，他们并不能为我提供助力。那些和我合过影、一起吃过饭的“朋友”，真的没有那么重要。

很多人经常进行无效社交，认为参加了某些活动，就可以认识更多的人。但如果你们之间只是吃喝玩乐的关系，没有深交，那只会浪费你的时间。

▶ 别人凭什么要帮你

在你求别人帮忙之前，应先问问自己是否曾经帮助过对方，或者自己能给对方提供什么帮助。很多人以为，只要加了微信，两个人就是朋友了，张口就找别人帮忙。殊不知，想要获得人脉是要提前播种、提前付出的。

进入一个圈子，不要刻意去认识人，而是要主动与人相处，成为受人尊重的人。不要急功近利地去利用别人，耍小聪明。

“狼来了”的故事大家都听过，你能欺骗别人一次、两次，但第三次呼救的时候，曾经被你利用或者骗过的人，难道还会相信你吗？你消费了别人对你的信任，当对方知道真相后，你将永远失去这个人脉背后的资源和机会。所以，不要理所当然地以为别人可以帮助你，也不要轻易地消耗掉你本来拥有的资源。

想要连接到目标人脉，就要勇敢地迈出第一步

我选择从圈子里获得有效人脉。进入一个圈子最好的方式就是付费。通过付费，筛除一些与自己要求不符的人，然后进入符合自己要求的优质圈子。

在进入知识付费圈之前，我在线上买过 9.9 元至 699 元的课程。我第一次购买的线下课程的价格为几千元，相当于我两个月的工资，课程却只有两天。当时，我的家人都以为我被骗了。

但是我知道，这是我获取人脉的第一步，哪怕花上我两个

月的工资，我也愿意。

这次线下课程为期两天，来自全国各地的学员有将近 200 人。我坚定地相信，这门课程确实有影响力、有价值，所以才能吸引那么多人来学习，而我只需要付费就能进入这个圈子，如果我表现得比较出色，就能引起别人的关注。

课程内容很丰富，但对我来说消化起来还是比较难的。在课后同学之间的交流中，我也没有什么特别的亮点，所以只能躲在角落里失落。我发现与优秀的学员相比，自己与他们的差距竟然如此大，这让我的内心充满自卑感，压得我有点喘不过气来，甚至有点后悔报名学习这个课程。

上帝给我关了一扇门，但又给我开了一扇窗。在上午的课程结束的时候，课程主持人告诉我们，接下来会进行一个小游戏：发一条与课程相关的朋友圈，点赞数排在前 10 名的学员可以获得与主讲老师以及其他嘉宾一起共进午餐的机会。

这个机会很难得，我必须抓住，我在心里暗暗给自己鼓劲儿。希望能借助朋友圈让我与优秀的人有更进一步的连接。当你很想争取一个机会的时候，全世界都会来帮助你。前提是你得先付出行动。比如，对我来说，第一步就是先编辑朋友圈文案。

我的文案格式是：有标题，让好友知道我的诉求；段落前面带表情符号，两段对齐，中间空一行，这样，视觉效果会比较好。

第一段写事件的起因：集赞换取中午与老师吃饭的机会。

第二段是升华的部分：知识是可以改变命运的。拔高整个文案的高度，暗示自己在付费学习，自己热爱学习，给自己的朋友圈人设加分。

在评论区，我设置了活动奖品，点赞数逢 8 就送礼物。这样可以刺激围观的人为你助力。每个人的点赞对你来说都意味着是一个机会。

最后，在不到 3 个小时的时间里，我的这条朋友圈获赞将近 500 个，排名第二，如愿获得了与老师及其他嘉宾共进午餐的机会。

在午餐即将结束时，有一个自我介绍的环节，大家也都铆足了劲儿，希望自己被关注。

我非常害怕做自我介绍，因为学历，也因为当时的我正处于失业状态。但是，我知道自我介绍是一个机会，不能放弃。没有高学历和优秀的履历不要紧，过去的就让它过去，要抓住未来。

公开场合的自我介绍非常重要，在高手如云的地方，要的就是真诚。少就是多，抓住你最擅长的点即可。下面是我在这次饭局上的自我介绍。

大家好，我是柚子妹。最近这几年我都在帮大姨家卖柚子，3 天可以卖掉 1 万多斤，所以取名“柚子妹”。现在的我正处于离职找工作的状态，擅长做朋友圈拆解，目前有 100 多个付费用户。很荣幸能够有这次机会与各位大咖一起吃饭，如果可以，我想给大家拆解这条近 500 个点赞的文案背后的小心机。

在这个自我介绍中，我最后提出的一个小请求，获得了所有人的认可，我也因此获得了比别人多2分钟的自我介绍时间。拆解完文案，我受到了现场很多人的夸奖。当时，其他嘉宾都主动加了我的微信，那一刻我有点受宠若惊。其中，杨坤龙老师向我抛出了橄榄枝，让我给他发一份简历。

你看，人生充满了机会，一场线下课、一条朋友圈、一顿午饭，为我打开了新世界。

第一份月薪过万元的工作

一个星期之后，我收到了面试邀请。杨坤龙老师的公司刚成立了课程销售部，需要有人牵头组建外部销售渠道并统筹私域的销售工作。

在面试的过程中，我很忐忑，担心过去的工作经验不能为自己加分，担心对朋友圈文案的热爱不足以让我胜任这份工作。没想到的是，我一路过关斩将，走到了最后。

杨坤龙老师给出了6000～10000元的岗位薪资。当他问我期待的薪资是多少时，我的内心是挣扎的。月薪过万元是我的职场目标，但是，我害怕自己说出口以后，对方会拒绝我。虽然害怕、犹豫，但我还是选择听从自己的内心，和杨坤龙老师说了我的想法。面试结束后的第 3 天，我得到了回复，我获得了我期望的薪资。

有时候，我们缺的是一个机会。但机会不是等来的，是主动出击争取来的。对于当时的我来说，最好的感恩方式，就是以最大的热情投入工作。

2018 年 4 月，我正式入职杨坤龙老师的公司。对于这份工作，我非常珍惜，也付出了 100% 的努力。通常大家都下班了，我还在加班。经常赶最后一班地铁回家，累并充实着。

我为公司梳理朋友圈的框架、人设、发圈内容、发圈频率……从 0 到 1 做私域课程销售，当月就为公司带来了 20 多万元的业绩。

同样，我的努力也得到了回报。2018 年 6 月，尽管我还没有转正，但我被评为“优秀员工”，公司发给我 3000 元奖金。这对我来说是莫大的认可，我没有辜负这份来之不易的工作。在公司工作期间，我始终感恩杨坤龙老师愿意相信我，并且给了我成长的机会。

学会感恩，你会变得更有人情味；学会感恩，你才不会为了蝇头小利而去斤斤计较；学会感恩，你会发现这个世界上从来不缺美好。

02 站在能够被看见的地方，才有可能被帮助

俗话说："千里马常有，而伯乐不常有。"很多人抱怨自己怀才不遇，没有伯乐赏识。可在这之前，我们需要先问问自己是否具备千里马的特质，是否站在了伯乐可能看到的地方。

停止抱怨，就是吸引别人注意的开始。我们的一生会遇到很多人，但凡帮助过我们的，都可以称为"贵人"。对方帮我们是情分，不帮我们是本分。做一个掌心向下的人，会比较容易获得成功。

认识不代表人脉

为什么你有很多"朋友"，但在遇到困难时却无人帮忙？之前，我在深圳一家公司上班 5 年，平均薪资 4000 元，当时我很渴望有个朋友能帮我介绍一份新工作，因为这样成长空间

会大一点，薪资水平会高一些。

翻看我的通讯录，只有寥寥几百人，大多数是同事、家人。在我换工作这件事上，他们都不能算是我的“人脉”，因为他们都没有办法帮到我。

认识的人多，不代表人脉广。但是，你想要拥有人脉，第一步就是你得走进人群，让其他人看见你。不要做井底之蛙，如果只看到井口那一块天空，你就会错过很多人生的精彩。

你可以盘点一下自己的人脉资源，分析一下自己的人脉资源是否健康。那些能够嫁接合作的、能够进行变现的，甚至在紧急情况下可以借给你一笔资金，解决燃眉之急的，都算是人脉。

每一次经历对于我来说都是成长。在经历了换工作受挫之后，我开始反思自己。我的当务之急是提升自己，并且构建自己的人脉体系。进入知识付费圈，是我获取人脉、遇见贵人的开始。

主动出击，提供价值

2018 年 3 月 1 日，我连接了《爆款文案》的作者关健明老师。最初因为他在朋友圈收集一些关于朋友圈赚钱的案例，我主动留言，并有幸被选上。那么我是如何连接他的呢？

主动出击。我主动在调研群里加了关健明老师的微信，这为我后来看到他发在朋友圈的信息并立刻主动留言提供了可能。主动才有机会，这样的连接是开始。

提供价值。留言后，我先是被关老师的助理邀请作新课开发内测调研。助理罗列了很多问题，我也都非常认真地提供案例并回答问题，让对方看到了我的价值。

我的努力得到了回报。2018 年 2 月 28 日，我收到了关老师的私信："你在卖哪些产品？可以给我简单介绍一下吗？我觉得你的模式很有趣。"

当机会来临的时候，一定要认真对待。我有条理地罗列了我的产品以及业绩，引起了对方的兴趣。

短暂的文字交流后，关老师又和我进行了语音连线，我向关老师表达了想要脱离单身的想法。他决定先帮我举办一次征婚活动。这在他的"知识星球"是史无前例的。

这场征婚活动也间接给我带来了人气，24 小时内有 200 多人加我为微信好友。我的朋友圈私人订制服务报名人数暴涨，7 天的收入超过 1 万元。

如果我没有主动出击，主动去连接关老师，让他看到我，我就可能彻底失去这次机会。

持续付出，保持热度

获得了关注之后，接下来就是让自己保持活跃。我是怎么做的呢？

第一，在关老师的“知识星球”输出干货。一方面，打造自己的人设；另一方面，也帮助“星主”输出干货，被选为精华帖后就能被更多人看见。

第二，在关老师的社群保持活跃。每次在群主出现的时候，我都会给群主捧场，并把关老师的群全部置顶。因为活跃且能维护社群，我被邀请进了关老师的 5 个粉丝交流群。借助“知识星球”征婚的热度，有很多关老师的粉丝记住了我。虽然我当时名气不大，但是在社群中，我非常活跃，出现的次数多了，就会有人对我感兴趣，从而和我成为朋友。

第三，在朋友圈经常发与关老师相关的信息，宣传他的“知识星球”和他的新课程。此外，我还买了很多他的书送给我的微信好友，以表示对关老师的支持。

第四，给关老师打赏。对于他的“知识星球”、微信公众号文章等，凡是能打赏的，我都会主动打赏。

第五，发动社群中的小伙伴与自己一起发朋友圈，帮关老师进行宣传。任何时候，我们都要学会团队合作，不要单打独斗。同时，让社群中的小伙伴在关老师的“知识星球”写评论、写干货。

只有先学会持续付出，才能有更多的机会。

行动起来，才能有更多的机会

你连接到你的目标人脉后，并非就一劳永逸了，你还需要悉心维护人脉。从获取人脉到灵活使用人脉，你需要知道以下 4 点。

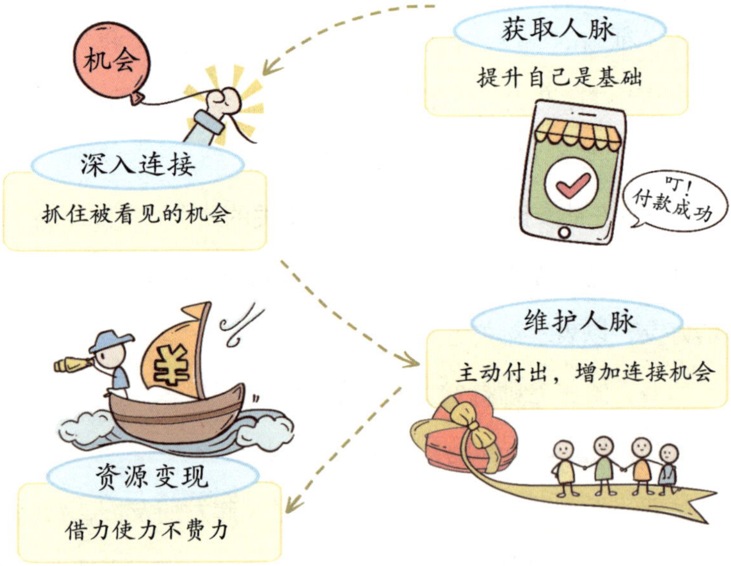

▶第一，获取人脉，提升自己是基础

想要被大咖看见，我们首先需要努力创造一个能够连接的机会。只有关系平等，才能互相帮助。

获取人脉的关键不在于别人，而在于自己：唯有让自己变得强大，才能获得有用的人脉。所以，你的第一步应该是全力提升自己。参加各种培训、多读书等都是我们提升自己的方法。

▶第二，深入连接，抓住被看见的机会

想要被看见，就需要我们表现得突出一点、主动一点。机会是积极主动争取来的，主动介绍自己，勇敢推销自己，加深更多人对你的印象。

▶第三，维护人脉，主动付出，增加连接机会

建立了第一步的连接关系后，我们还需要多次出现在对方面前，维护关系。直接引起对方的注意可能有点困难，但可以先从对方周围的人进行突破，以此为连接做铺垫。

▶第四，资源变现，借力使力不费力

你积攒的所有资源，如果不能为你的变现助力，就不能称

为资源。怎么变现？实现共赢。在借助人脉资源为自己提供便利时，我们也要想想自己能给别人带来什么，只有互利互惠，才能长久发展。

我始终信奉一句话："别人待我如何，是我的因果；我待别人如何，是我的修行。"想要得到别人的帮助，我们也要学会付出，不要一味索取。如果可以，做个掌心向下的人，这样，会被更多的人看见，会得到更多人的帮助。

03 好好说话，才能连接到你想认识的人

人生是一场长长的旅途，有人上车，也有人半路下车。我们目送熟悉的背影离开，然后奔赴下一个站台。

高考后，我选择去离家 1400 多公里的城市上大学。想要快速融入陌生的城市，就要学会与这个城市的人交朋友。因为嘴巴甜，我找到了在学校食堂兼职的工作，省下了一日三餐的饭钱；因为懂得客户心理，我在学校门口摆地摊的生意并不差，赚到的钱让我能多去十几个城市旅游。

学会好好说话，连接到你想要连接的人。

好好自我介绍，盘活微信好友

想要在微信朋友圈赚钱，你需要主动出击。很多人的部分微信好友可能是通过某个社群或某次活动加到的，加上好友之

后，可能连招呼都没有打过。如果不趁热打铁给对方留下印象，就错失了深度连接的机会。

▶ 私聊破冰的两种方法

在很多人都在为如何引入新流量而焦虑的时候，可以先问问自己，有没有把原有的流量利用起来。我们不得不承认，大多数人都只是普通人。做直播时，如果没有团队，我们很难在大的流量池里吸引到新粉丝；做内容时，如果没有深耕某个板块，我们就无法留住粉丝，搞不好还会带来负面影响。

我们要把自己放在对的位置上，一步一个脚印去深耕，相信朋友圈是普通人流量变现最近的地方。哪怕你只有 200 个好友，也要找到突破这 200 个人的“防线”的方法，让他们了解你、信任你，最后成为你的粉丝或者客户。

第一种方法，主动告诉对方你是谁，以及你能做什么。

随着互联网的发展，自我介绍成为新的社交名片。有些时候，当别人加我们为好友时，我们点了“通过”后就没有下文了；又或者我们申请加别人为好友，对方通过了，但我们也没有进一步连接对方。这两种连接的黏性非常弱，纯粹是微信通讯录中多了个人。所以，我们要主动出击，和新好友互动起来，自我介绍就是互动的第一步。下面分享一下我的自我介绍。

嗨，××× 你好，我是柚子妹。

我们加了好久好友了，都没有进行过深度沟通。真诚的友谊，来自真诚的自我介绍。

我深耕朋友圈 5 年，取得了一定的成绩：6 小时卖柚子 1.3 万斤，付费学员超过 2 万人，微信好友超过 5 万人。

除了做讲师，我还会在朋友圈卖货，半年组建了 700 人的线上团队，做出了 3000 万元的业绩。我主要卖 ××× 产品。如果你对这方面有兴趣，可以进一步私聊。

另外附上我的一篇文章，文章讲述的是我在朋友圈卖货从 0 到 1 的过程，希望对你有帮助。也欢迎你做个自我介绍，我好备注一下，期待我们擦出更多的火花。

需要注意的是，在做自我介绍时，需要带上对方的名字，否则对方会以为你是群发的消息。除了告诉对方你是做什么的，尽量也要埋设“钩子”。

发自我介绍的目的是破冰，每个人都渴望与强者连接，如果你能让对方回复你，就意味着你的自我介绍吸引了对方。

你还可以对对方的能力和资源进行一个评估，从而判断需要花费多少时间来维护关系。

人的时间毕竟是有限的，先广撒网，然后再筛选出关键人物，可以多花一点时间去维护与这些关键人物的关系。

如果对方没有回复你，也没有关系。至少在一段关系里，你先让对方看见你了。一个精准粉丝比 100 个泛粉更有价值，只要对方没有删掉你，你就有机会。

第二种方法，告诉对方你在做什么，以及目标是什么。

机会不是凭空出现的，没有机会，我们就要创造机会。如果发的自我介绍没有得到对方的回复，也不要气馁，这只是我们连接的第一步，让对方看到你即可。

在不同的时间段，我们可以制造出不一样的连接机会。我们只要拿出斗志，就可以变着花样地出现在对方的私聊窗口里。

文案分享一

嗨，亲爱的朋友，你好！

我是柚子妹，有一种叫缘分的东西让彼此连接。今天给你私发信息，也是主动出击，看能否为你做点什么。

过去的一年里，我在朋友圈卖了几千万元的货。受新冠肺炎疫情的影响，我的收入减少了 60% ~ 80%。我擅长在危机中寻找机会。把 1 个产品卖给 100 个人太难了，但是把 100 个产品卖给 1 个人就简单很多。

我做社群团购 15 天，平均每天收入 1200 ~ 1500 元。因为有 ××× 这个爆款手表，我今日收入突破了 1 万元。

我特别喜欢这款手表，所以自己也留了一个。现在我把这款产品也分享给你，希望我们之间能有更多的故事。

聚是一团火，散是满天星。欢迎你加入我的社群，一起踏实赚钱，利润日结。

这是我的私推文案，当初我做社群团购时，做出了一款爆款手表，纯粹靠发朋友圈。于是，我再次向微信好友发出破冰连接，告诉对方我当时在做什么。我不仅希望对方能购买这个产品，还抛出橄榄枝希望对方也能加入我的团队。

在文案里，我提到了自己的困境，但我找到了破局的方法。写任何东西都要以事实为基础，并且文字不宜过多。

这个文案发出之后，有以下四种结果。

- 有人不回复，这是大多数人的反应。
- 有人回复：“谢谢，暂时不需要。”
- 有人成为我的客户或我的代理。如果我不主动，就没办法激活这些人。
- 有人诋毁我，说难听的话，但这是少数人的反应，不必在意。

因为这个文案，我当日的收入高达 25502 元，这相当于很多白领的月薪。

放下所谓面子，去做你不敢做的事情。结果并没有你想象得那么糟糕，甚至还有可能带给你惊喜，只要你往前迈一步，就能收获这份惊喜。

我一直都抱有居安思危的想法，看到有新的机会，我就会努力去争取。所以就有了我这篇私发微信好友的文案。

文案分享二

你好，我是柚子妹，想请你帮个忙。

我想连接晚情老师，她最近推出一门公开课，我想冲刺分销第一名，因为只有第一名，才能够被看见和记住，现在我非常需要你的购买助力。

如果你愿意支持我，扫码支付9.9元就可以了，非常感谢你，我会继续在朋友圈输出原创知识。

购买后，我将赠送价值59元的朋友圈变现知识，希望可以帮到你。

购买后一定要私信我，我给你发领取资料的链接。

在上述文案中，我选择先示弱，寻求对方的帮助，告知对方我做这件事情的目的，以及可以给到对方什么好处。

另外，在文案中，我还让对方知道了我是做什么的，把我在朋友圈方面的专业性展示给了对方。

文案分享三

你好，我是柚子妹。

我带着3周朋友圈文案训练营一起跟你见面。

在过去将近一个月的日子里，受新冠肺炎疫情的影响，很多人都坐立不安，担心手里的积蓄撑不了多久。

但你有没有想过把朋友圈打造成你的另外一个店铺？发发朋友圈，就可以营业，并且成本低、见效快。

我除了大年三十不营业，其余364天都不打烊，现金流很充裕。我曾做到6个小时卖1.3万斤柚子，7天在朋友圈卖货总额超过1000万元……

朋友圈是一座宝藏，不要守着金矿要饭。我要用3周的时间带你一起找到属于自己的宝藏。3周分享3个模块的知识：店铺打造、“种草”文案、团购剧本。

我相信这都是你想要的，早鸟价仅需699元。我亲自带班，你一定要来，我等你。

很多人都说，能为你消费的人一定是你主动找出来的。比如我的朋友圈训练营，开了4期，总共有1458名学员报名，销售业绩超百万元。这些成绩的取得，都是主动出击的结果。

我们要把与微信好友破冰的内容当作文案认真写，不要害怕被拒绝。文案中要罗列出你的主要成绩，认真思考“对方需要什么，我可以为对方带来什么”。如果每个文案都能敲动对方的心门，那你就成功了一半。

私域流量十分稀缺，只有主动才能占据主导权，剩下的靠坚持。你想要连接的人，都在你的生活里。

好好评论，提高朋友圈互动频率

如果你害怕被拒绝，害怕发了信息没有人回复，那你可以主动给对方的朋友圈进行评论，坚持下去，一定可以引起对方的注意。那么如何和朋友圈的好友进行互动呢？

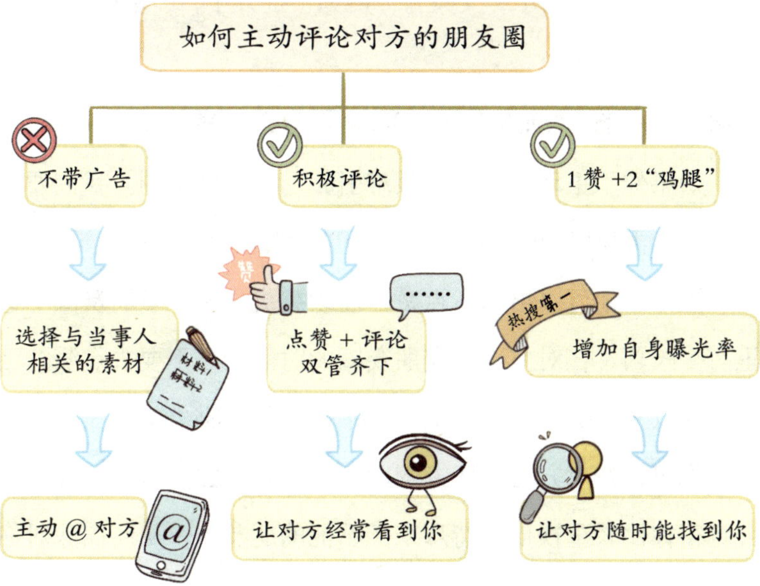

▶ 第一，发不带广告的朋友圈时，主动 @10 个人

这个方法对原创能力要求比较高，你可以在选择素材方面下功夫，可以选择与当事人相关的素材。

比如，感恩对方的事情，或者是对对方有帮助的信息，你就可以主动 @ 对方。除非是意向客户，你才可以在发一些优惠活动的信息时 @ 对方，否则会引起对方的反感 。

如果你一天发 5 条朋友圈，每次你都能主动 @10 个人，那么一天就可以与 50 个人互动，坚持下去，你的朋友圈的粉丝互动频率就会大大提高，与此同时，你的文案写作水平也会提高。互动频率提高了，文案写作能力也提升了，一举两得。

▶ 第二，积极给别人评论，加深对方的印象

如果你不主动互动，是很难引起别人的注意的。我们要主动互动，再利用一些方法，一定会事半功倍。

比如，你可以给别人点赞，连续点赞 4 ～ 8 条朋友圈。这里有个技巧，在对方刚发完朋友圈的时候最好不要去点赞，因为此时点赞互动的人会比较多，对方会关注不到你。

你可以在对方发完朋友圈两三天以后再去点赞，这样对方会觉得你比较重视他，特意来翻看他的朋友圈，从而加深对你

的印象。坚持的次数多了，对方会好奇你是一个什么样的人，是做什么工作的，朋友圈都发些什么内容。

山不过来，我们主动过去。除了连续点赞，你还可以真诚地发表评论，建议评论要超过 8 个字。不要只说“真棒”“好美”“真好”等。走心的夸奖能深得人心。比如“哇，谢谢你分享的好点子，我受益匪浅”“这张图片太好看了，我要借走了”“你简直是百变精灵呀，太美了”。

你可以前后对比一下，是不是后者更能让你开心，你顺着评论点开对方的头像的概率也会增加。如果你在朋友圈卖产品，那就成功“种草”了。

▶ 第三，先点赞，后评论，采用“1 赞 +2‘鸡腿’”的方式

通常，很多人只会点赞，写长评论对他们来说可能有难度，那么还有一个方法：在点赞的基础上，加两个短评论，我把这种短评论戏称为“鸡腿”。

为什么要这样做呢？

你的评论条数越多，你在此条朋友圈中的曝光率就越高。因为如果对方发的朋友圈有很多点赞和评论，很有可能看不到

你的头像，如果你增加了头像出现的次数，那么也就提高了被看见的概率。只有你给别人加了“鸡腿”，才有可能给自己加“鸡腿”。

三年前，我就是靠着 1000 个微信好友开始经营朋友圈，这些好友大多是我的同事、朋友和同学。后来进入知识付费圈进行学习，才有了好友数量的裂变倍增。

在这个过程中，我坚持发朋友圈，也坚持与人互动，慢慢塑造了个人品牌。我们要随时保持空杯心态，让自己像低垂的麦穗一样，结出好的果实。

如果你有想连接的人，不管客户还是贵人，都需要主动出击。尽管努力不代表成功，但如果不努力，就连靠近成功的机会都没有。

04 不要想着跟所有人交朋友

你有微信被人删除、拉黑的经历吗？知道后，你有什么感受？失落？难过？还是生气？

过去的我，内心非常敏感，被人删除或拉黑后，以上三种感受都有。但现在的我，已经释然，能以一种非常坦然的心态面对结果。我想，这也是一种成长。

我们不可能跟所有人都成为朋友。

你没有那么重要，被人删除很正常

我曾经小心翼翼地经营着每一段关系，但顾此失彼，最后迷失了自我，还因此难过了好久。然而生活的列车是开往未来的，而不是回到过去，又何惧被人删除或拉黑呢？

拒绝玻璃心，学会人脉断舍离

我接触过的很多学员，都不愿意面对被人删除或拉黑的事实，他们宁愿守着一堆“死粉”。

很多人都是看起来很努力，营造了很多努力的假象，但都没有获得想要的结果。

可是，你是否想过，你需要的不是更多的社交，而恰恰应该做减法，把精力集中在能给你带来愉悦感的有效社交上。

我们要做生活中的主动者，不要等着别人来喜欢你或者删除你，而是对于你喜欢的就多去交流，对于你不喜欢的就删除。

当我的微信好友要满 5000 人的时候，我做了一次互动，在评论区里说明，好友位置不够，需要清理部分没有互动的好友。没想到发出后，一个晚上有 400 多位好友主动出来与我互动，出乎我的意料。

以下是部分微信好友给我的留言。

Maggie 说：“依依不舍，一路上有你，我是深圳阿楚，你是我的超级爱豆。”

洪好说：“你坚决不能够删我，因为我不能没有你。”

纳兰说：“别删我啊，我正在按你教的打造朋友圈花园。”

水流无音说：“删了我的话，我上哪儿找你去。”

Winnie'M 说：“每天都看你的朋友圈，真的是能获取一种能量！总觉得时机还未成熟，不知道怎么去跟你打招呼！怕你把我删了，就保存了你的微信号，等我准备好了，哪怕你已把我删除，我还是会加上你。”

此外，还有很多很多暖心的留言，看完后，我瞬间觉得被很多人宠爱是件很幸福的事情。

所以，当你能够持续地输出价值，为别人带来正能量的时候，你就会慢慢拥有自己的粉丝了。

很多时候，一些人喜欢你的原因，就是另一些人讨厌你的原因。我们得思考，要吸引什么样的人喜欢自己，同时要承受哪些人的讨厌。我们不可能让喜欢自己的人和讨厌自己的人达成共识。

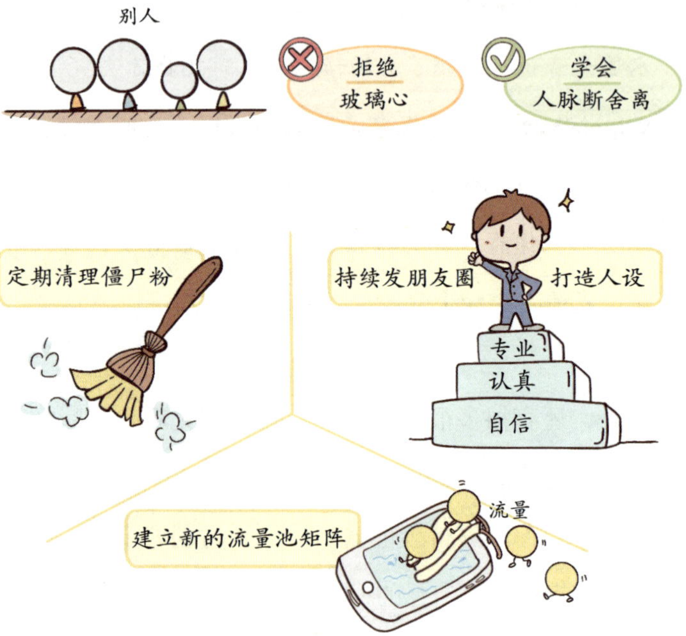

▶第一，定期清理僵尸粉

清理僵尸粉这个动作很简单，但对很多人来说很难开始，因为他们总是想维持这些关系。

筛选出和你不同频的人，但凡是会影响你判断或者心情的人，都可以拉黑或者删除。比如，对方在朋友圈传播负能量、刷屏发广告等，我们看到了就可以顺手将其删掉。

另外，还可以从通讯录中删除，叫不出名字或看不清头像的人，他们一般都不会成为你社交中的核心人物。

除此以外，如果与对方的交流不在同一个频率上，你也可以选择将其拉黑或者删除。我们不要当别人的情绪垃圾桶，这会拉低我们的整体能量。

清理僵尸粉多久一次合适？一般来说，**在好友较多的情况下，建议3个月左右一次，好友比较少的可以半年清理一次**。

第一次清理的时候，比较难下手，次数多了你就会习惯。就像给许久未打扫的房子做了一次大扫除，你会觉得神清气爽。

▶第二，持续发朋友圈，打造人设

这一步的主要目的是展示自己，留住和自己同频的好友。

学会借助朋友圈这个工具，把自己真实且优秀的一面展示出来。你是什么样的人， 就能吸引什么样的人。打造朋友圈的个人品牌需要时间的沉淀。

发朋友圈并没有你想得那么难，可以从记录自己的生活开始，记录你的爱好、你的工作、你的旅游、你的家人……你越真实，别人就会越喜欢你。

不要为了取悦无关紧要的人而浪费你的时间。在你喜欢的事情上，尽情释放你的热忱。

▶第三，建立新的流量池矩阵

想让自己成长得更快，就要进入一个新的圈子，找到自己与别人的差距，让自己能日日精进。

不要只盯着自己原有的一亩三分地看，我们要相信，一定有一块沃土等着我们去开发。这需要我们走出去，融入新的圈子。

我会选择一些适合自己的课程或者自己感兴趣的线下活动，去连接新的人脉圈。从一个圈子到另一个圈子，就是我们自己主动升级的过程。只有遇见新的人，我们才能碰撞出新的火花。只有知道自己要什么，才能更快地达到目的。

与此同时，我们还可以提高自己的分享频率。分享频率越高，能量会越来越强，个人品牌也是在这个过程中打造出来的。比如，从线下社群分享到线上直播分享，再到线下即兴演讲，每一次分享都可以让我筛选出不一样的人。我们需要持续曝光，让喜欢我们的人继续喜欢我们。双方同频才能共振，才能一起走得更远。

著名的“邓巴数字”是由英国牛津大学的人类学家罗宾·邓巴提出来的。他认为，人的大脑新皮层大小有限，以人类的智能极限，能拥有稳定社交网络的人数上限是 148 人，四舍五入大约是 150 人。对于超出这个范围的交情，人类最多只能记住一些人的相貌和名字，但是对对方的了解极其有限，也没有办法通过自身的努力来拉近双方之间的关系。

一个男人平均拥有 4 ~ 5 个密友，而一个女人则拥有 5 ~ 6 个密友。恋爱或者结婚后，因为要对情侣和夫妻关系投入更多的心力，你的一个关系相对亲密的朋友就会有很大概率离开你的核心朋友圈。

不用与所有人交朋友，轻松上阵才是最好的状态。一个人走得快，一群人走得远，但前提是这群人与你同频，彼此的目标一致，这样才能同心同行。

- 如何突破发朋友圈的障碍
- 朋友圈配文的素材从哪里来
- 不用羡慕别人，你也可以拥有一条高赞朋友圈
- 问答 · 拆解柚子妹朋友圈文案，揭开 48 小时带货百万元的秘密

第四章

CHAPTER

4

文案：你不是忙，你只是不爱学习

01 如何突破发朋友圈的障碍

很多人不理解,我为什么能够七年如一日地坚持发朋友圈。因为在发朋友圈的过程中我是快乐的。

在初中和高中，我写的作文经常被老师当作范文在同学面前展示，那是我学生生涯的高光时刻。也就是从那时候开始，文字给了我自信。在后来的生活中，每当遇到不愉快的事情，我都会选择通过文字释放情感，在文字里，我找到了情绪的出口，也获得了安全感。

慢慢地，通过文字记录自己的生活，每天发朋友圈已经成为我生活的一部分，就像吃饭、睡觉一样。我起床后的第一件事是发朋友圈，睡觉之前的最后一件事依然是发朋友圈。

一开始发朋友圈，我并没有刻意为之。只是把它当作枯燥的工作之余对生活的记录，更没有想过未来有一天能通过朋友圈变现。

发朋友圈激发对生活的热爱，奠定副业变现基础

大学毕业后，我被安排到了一线工地工作，与工人同吃同住，做工程项目没有假期，经常通宵开会。

“被困”在荒凉工地里的我很想逃跑，但那时候的我选择了妥协。我将闲暇时的心思放到了用心生活、发朋友圈上。

这个过程既锻炼了我的洞察能力，也让我写出了让人感同身受的文字。朋友圈中那些记录生活的碎片化文字，见证了我一路的成长。

曾有人给我留言：“喜欢看你的文字，给了我很多力量。”别人的回应，是对我最大的奖赏，更是动力，这让我找到了自信，更激发了我对生活的热爱。

在发朋友圈的过程中，我慢慢对“粉丝”有了一定的感知力。因此，我也在思考，除了在朋友圈记录生活，我还可以通过朋友圈做点什么？

于是，我开始尝试在朋友圈卖货，同学有卖鞋子的，我就跟着发朋友圈卖；同事有卖洗发水的，我就做了代理，每天中午固定发一条洗发水的广告……没有方法的努力收效甚微，但至少帮我打开了朋友圈卖货的门，也奠定了我副业变现的基础。

为了更好地卖货，我开始在网上学习相关的知识。越深入

研究，越发现朋友圈是普通人改变命运的好渠道。朋友圈不仅是一个社交窗口，更是一个可以直接变现的渠道。

在朋友圈帮大姨卖柚子，这是我的事业乃至人生中一个重要的转折点。在卖柚子的过程中，我摸索到了朋友圈变现的方法。随后，我又将这个方法复制应用到了其他产品上，同样获得了不错的效果。

那么，如何突破发朋友圈的障碍，走向成功呢？

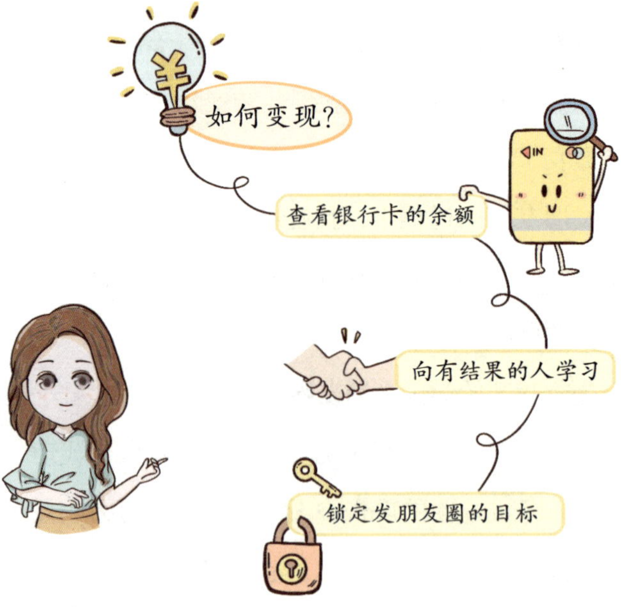

▶ 第一，查看银行卡的余额

很多人都不好意思发朋友圈，害怕发后没人看，害怕发后被屏蔽，也害怕找不到素材。所以在发朋友圈这件事情上“三天打鱼，两天晒网”，还没有获得结果，就已经放弃了。

而查看银行卡的余额可以让你认清现实。你是守着可怜兮兮的数字过日子，还是要找到新的路径，破局而出？相信大部分人都会选择后者。

赚钱这件事情可能没有人会抗拒，但赚钱的整个过程并不一定很顺利。摸着石头过河，总比隔岸观火、置身事外好得多，至少我们在尝试突破。

当你的内心有些许不安的时候，也就是你突破舒适区的开始。

▶ 第二，向有结果的人学习

向有结果的人学习，可以让我们少走弯路。少走弯路，就相当于走了捷径。与其闭门造车，不如走出去，用开放的心态向有结果的人学习，省时省力还省心。

在朋友圈找到你比较欣赏的人，选择 3 ~ 5 个即可。你可以对他们进行分类，然后进行分析。比如，一类是卖货的人：

对方卖货，但你不会屏蔽他，想想是什么原因，是什么打动了你；另一类就是不卖货的人：虽然不卖货，但你会去看对方的朋友圈，想想他的朋友圈中有什么内容吸引了你。

找到喜欢的并可以对标的人以后，你可以先从模仿开始，从朋友圈的排版布局到文案，再到配图，先完成再求完美。

成功就是在不断学习中找到自己的定位。**当你还比较弱小的时候，如果做难度太大的事情，就容易放弃。但如果你有了榜样、有了偶像，那么你就有了坚持下去的动力。**

在这个过程中不要太贪心。东学一点，西学一点，对你没有半点好处，会让你失去自己的特色。我们要在学习别人的基础上，找到自己身上的亮点，再放大它，然后慢慢打造个人品牌。喜欢你的人越来越多，那么你在卖产品的时候，就会得到更多人的信任。

▶第三，锁定发朋友圈的目标

很多人说，我不知道怎么发朋友圈。我们可**以目标为导向，然后对目标进行拆解**。你准备今天发多少条朋友圈？如果完成了目标，可以对自己进行奖励；如果没有完成目标，就应对自己进行惩罚。

锁定目标是为了帮我们克服惰性。在养成了发朋友圈的习惯后，你就可以选择在朋友圈开“店铺”了，每天准时开业，定点打烊。当你身边的朋友都知道你在卖什么时，你就离成功又近了一大步。

我是如何做到每天都坚持发朋友圈的呢？先确定每天发的第一条朋友圈和最后一条朋友圈的内容，再慢慢补充中间的内容。当你有了固定的开头和结尾，也就等于朋友圈风格有了一个固定的模式。

比如，我每天的第一条朋友圈设置的是读书笔记，我会在前一天晚上提前写好，第二天起床就直接发送；或者是速读一个章节，找到重点，进行扩充。

对于每天的最后一条朋友圈，我的模式是晚安打卡。我设置了一套自己的行为模式，发起来就会很轻松。下面给大家举一个例子。

标题：今天很圆满，你呢？

内容：1 ~ 2 句短的心灵鸡汤。

结尾：朋友圈打烊啦，晚安。

每天的最后一条朋友圈也是给自己道一声晚安，让自己忙碌的一天有仪式感。这也是我跟粉丝、好友互动的一种方式。

每当我想偷懒的时候，我就会跟自己对话："你今天发了多少条朋友圈？""你的目标完成了吗？"

发朋友圈并不是在演戏，而是真实地记录生活中的喜怒哀乐。但是别抱怨，抱怨多了，也会影响到别人。

在你想放弃的时候，想想我，一个没有人脉、没有背景的大专生，依靠朋友圈从月薪 3000 元到实现财务自由。我走过的路，你都是可以复制和模仿的。不辜负自己，就不会辜负未来。

02
朋友圈配文的素材从哪里来

当你突破了发朋友圈的障碍之后，你可能又会面临一个新的问题：朋友圈素材从哪里来？

很多人对我这两年的成长评价是：爆发式、野蛮式。这得益于我每天发朋友圈，在发朋友圈的过程中内观自己，发现不足，及时改进和学习。

发朋友圈这件事情，并没有我们想象中那么难。如果你还为找不到朋友圈素材而烦恼，那么接下来的方法可以助你一臂之力。

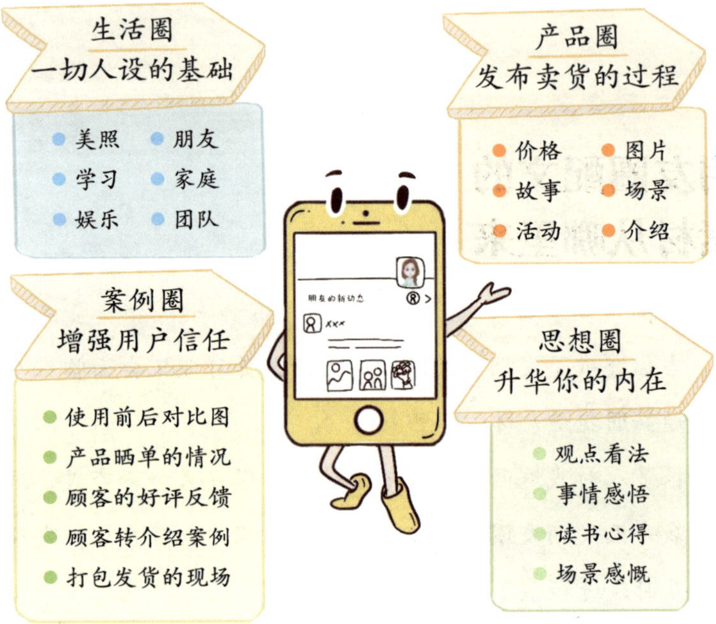

你的生活圈是一切人设的基础

发朋友圈的素材，跟你的人设定位有非常大的关系。比如，我在朋友圈有 3 个关键词“感恩、坚持、希望”，那么，我所有的朋友圈素材都会围绕这三个关键词展开。当生活中出现了与这些关键词相关的素材时，我一定会记录并发朋友圈，让这些关键词更加有说服力。

需要注意的是，**人设不能脱离自己的生活，也就是真实的自己。**如果一直活在谎言中，时间久了，总有一天会露出破绽。

比如，我并非时尚达人，可是非得把自己包装成时尚达人，那平日里的穿搭、妆容都要比别人品位更高，并且需要付出更多的金钱去购买与时尚相关的物品。因为你所有的言行都活在别人的监督和审视下，如果人设与事实不符，一旦被揭穿，就会失去大家的信任。

如果你连自己都说服不了，就很难说服别人。所以，在人设方面，我们做真实的自己就可以。把自己生活中的样子展示出来就可以，让微信好友见证你一点点变美变好的过程。

那么生活圈的素材类型都有哪些呢？

- 你的团队，展示团队的实力、凝聚力。
- 你的家庭，适当曝光一些有关家庭的照片。
- 你的美照，提高别人对你的好感度。
- 学习情况，时刻要为你的人设加分。
- 娱乐情况，让有趣的灵魂尽情散发魅力。
- 你的朋友，用朋友的优秀来烘托你。

当然，这些只是一小部分。我们的生活中还有很多元素，也有很多值得记录的精彩瞬间，这些都可以用文字记录下来。

你活得越勇敢、越真实，喜欢你的人就会越来越多。

生活圈文案模板

标题：用一句话总结做了什么

内容：

（1）你见了什么人，谈了什么内容。

（2）遇到了什么事，你的收获、感想。

（3）你购买了什么，轻度“种草”产品。

（4）你看了什么书，写写读书笔记。

（5）你的喜怒哀乐，引起别人的共鸣。

配图：简单、大方、好看

在你的产品圈发布卖货的过程

有了人设之后，你就可以慢慢地植入自己的产品了。很多人都不好意思发朋友圈，都不敢告诉别人自己在卖什么。

你可以将在朋友圈“开店”当作一个轻创业的项目来看待。如果产品合法、合规，并且是你认可的，利润也可观，那么就可以在朋友圈大胆地进行宣传。

那么产品圈的素材类型有哪些呢？

- 产品的价格：可明码标价。
- 产品的故事：为什么要卖。
- 产品的活动：让业绩翻倍。
- 产品的图片：简洁、高清。
- 产品的场景：激发购买欲。
- 产品的介绍：设百问百答。

在产品圈的文案中，每天都要安排广告植入，不管是软广还是硬广。一天不发广告，都会影响你的业绩。

因为微信好友是随机刷朋友圈的，而面对不固定的“客流量”，我们需要持之以恒地发产品圈。

产品圈文案模板

标题：我和 ×× 的故事

内容：

（1）是从什么途径知道这个产品的。

（2）是从什么时候开始使用这个产品的。

（3）这个产品的使用效果如何。

（4）做这个产品的初心是什么。

（5）目前客户对这个产品有什么反馈。

（6）这个产品的前景是什么样的。

配图：单张产品图或你与产品的合照

用你的案例圈增强用户的信任

只发前面两种类型的朋友圈是远远不够的，**我们需要增强用户的信任，从而打消他们的疑虑**。

我们不能只是自己夸自己能干、夸自己善良，一定要借助别人，也就是第三方视角。这个时候，我们需要收集用户证言。

我曾做过 4 期的朋友圈训练营，单价是 699 元，有 1000 多人报名参加。市面上一期能招 400 ~ 500 人的训练营其实不多，为什么我能做到呢？

这离不开我长期在朋友圈发的案例素材，案例是朋友圈的重要素材之一。

比如，在第 3 期训练营开展过程中，但凡看到学员的喜报或者好评，我都会截图保存下来，当作朋友圈的素材，为第 4 期招生做准备。

用户证言会让那些还在观望的人有掏钱的冲动。所以我持续地做铺垫、发朋友圈，在第 4 期还没有开始招生的时候，就收到了部分学员的全款或者定金。

那么案例圈的素材类型有哪些呢?

- 使用前后的对比图。
- 产品晒单的情况。
- 用户的好评反馈。
- 用户转介绍案例。
- 打包发货的现场。

以上类型都是大家可以参考的。只要是能为你的产品加分的素材，都要想办法保存下来，不管有没有人点赞和评论，我们要做的就是还原事实，让更多的人知道。这样，你就不会觉得发朋友圈卖货难度大了。

案例圈文案模板

标题：案例 + 结果

（1）使用过程，对产品的体验。

（2）收款截图，暗示产品卖得火爆。

（3）发货过程，增强客户信任。

（4）好评反馈，打消客户顾虑。

配图：对比图、收款图、聊天记录截图

你的思想圈可以升华你的内在

好看的皮囊千篇一律，有趣的灵魂万里挑一。朋友圈同样也需要有共鸣的文案，不管干货还是鸡汤，用户想要的就是感同身受。只要达到了这个目标，我们发朋友圈就成功了一半。

经常发思想圈，可以提高自己的觉知能力。在朋友圈里，自己才是最贵的产品，要积极主动地把自己推销出去，“卖思想”是一种吸粉的有效方法。

我们可以把有深度的观点通俗易懂地诠释出来，坚持下去，一定会有自己的忠实粉丝。

那么思想圈的类型有哪些呢？

- 对某个观点的看法。
- 对某件事情的感悟。
- 读某本书的心得。
- 对某个场景的感慨。

你的所见所闻和所思所想都可以通过朋友圈进行展示，而不是每天都是单纯地发产品广告。朋友圈的内容要能为别人提供一些价值，让别人能够看到除了卖货以外其他方面的你。这也要求我们不断地提升自己，才能保持竞争力。

时代在变，尤其是在互联网时代，我们要居安思危，保持学习力，并且持续输出，让别人看见我们的努力与进步。

思想圈文案模板

构建场景：时间、地点、人物以及事件的起因、经过和结果。

思想升华：把一些名人名言、经典台词作为点睛之笔。

柚子妹

飞驰而过的列车载梦载人

从一个城市到另一个城市，只有靠自己努力，学会长大，学会承受，哭过之后，才可以微笑地拥抱爸爸妈妈，拥抱自己。

想要的东西要努力争取，不要总在意别人的看法，在臆想当中会失去很多机会。要在乎自己开心与否，银行卡的数字涨了没有。这才是过日子的幸福感。

泰戈尔说：“不要着急，最好的总会在最不经意的时候出现。”我们要做的就是：怀揣希望去努力，别半途而废，静待美好出现。

1分钟前　删除

对于写思想圈，比较容易坚持下去的方法是在朋友圈进行读书笔记打卡。坚持每天的第一条或者最后一条都写读书笔记，这样不仅可以打造爱学习的人设，还能起到督促自己每天学习的作用，一举两得。

不要再说自己没有发朋友圈的素材了，这只是你逃避的一个借口。方法总比困难多，只要你肯做，全世界都会为你让路。

先完成再求完美，把朋友圈的素材当作我们每日做饭的食材、作料，用心烹饪，一定可以做出一道又一道美味佳肴。

你的朋友圈不缺素材，缺的是你对生活的热爱和对工作的热情。

03

不用羡慕别人，你也可以拥有一条高赞朋友圈

很多人每天写两三条文案就已经江郎才尽了，经常为写不出好的朋友圈文案而发愁，如果你用心写的文案无人问津，那对自信心的打击还是挺大的。但是如果你掌握了一些能批量生产高互动文案的方法，那就会轻松很多。

下面将方法分享给你，希望可以为你写出高质量的朋友圈文案提供帮助。

找到一个适合你的方法，并持续地使用，渐渐地，你就会发现，你的朋友圈不再那么冷清，开始有人气了。

不能引发共鸣的朋友圈互动，会事倍功半。要以内容为王，要努力创造有价值的内容。那么，如何才能提高朋友圈的互动性呢？

自曝“隐私”，满足对方的好奇心

自曝“隐私”可以满足对方的好奇心，唤醒对方的参与意识，引发共鸣。

适当地自曝“隐私”是可以消除他人对你的戒备心的。我之前总担心自己的文凭拿不出手，强烈的自卑感笼罩了我很多年。当我有勇气把这些写出来的时候，其实也是在给那些与我的情况相似的人动力与希望。当我用长文案说出曾经让我自卑的事情时，自然就能够让很多人与我产生共鸣。

柚子妹

我是2010年高考的，只考了511分。480分的同学都上了本科，而我只能上专科。为什么？因为学费有点贵，家里供不起。

我妈对我也一直很愧疚，她说如果当初咬牙借钱，也能供我上本科。后来，我去外省读专科，因为那里学费便宜。

我用了整整8年的时间去弥补这块空缺。弟弟刚毕业就18万年薪起，我还是月薪3000元。那个时候，10万对我来说遥不可及，但今天，我在10万后面加了个0。

我从来不怪父母没供我上本科，因为他们给我生命，已经是此生最大恩情。剩下的，就交给我，我会让他们幸福。

1分钟前 删除

3 种互动方法，让你的点赞量翻倍

发朋友圈后的互动情况，能测试出你在朋友圈的人气如何。下面分享 3 个提高互动率的方法。

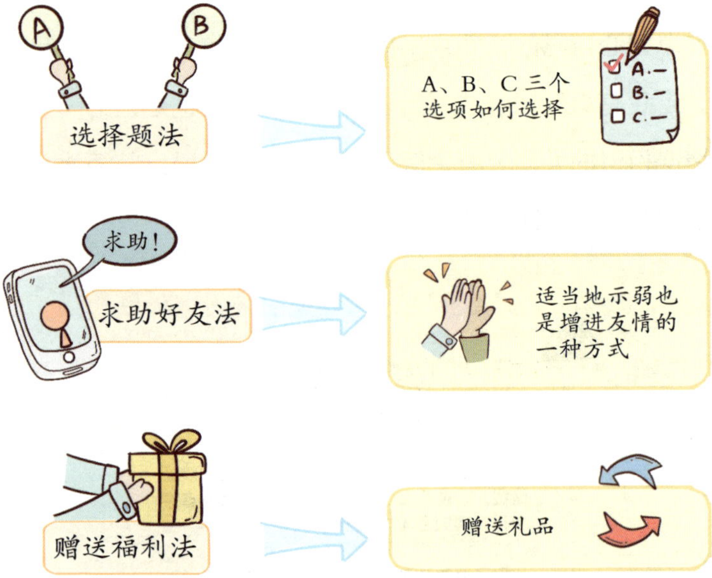

▶ 第一种，选择题法

我们在把一件事情阐述清楚之后，可以留一道选择题与微信好友进行互动。比如换头像，我们可以一年换一两次，保持在朋友圈的新鲜感。

选择头像是比较容易的，只要在评论区评论数字就可以完成，很多人还是愿意参与的。如果想获得更高的互动率，最好是让微信好友从几张照片当中去选择。

• 模板一：封闭式问句

举例：是吗？对吗？同意敲“1”。

• 模板二：选择 A 还是 B？

举例：选红色还是白色？

▶ 第二种，求助好友法

面对弱者，人们总是会产生想要帮助对方的想法。在朋友圈中，我们也要适当示弱，当自己遇到一些困难时，可以在朋友圈求助。

如果你一直都以强者的形象示人，别人会觉得你做什么都很厉害，那么在朋友圈卖货时，反而会让人产生“小单你可能看不上”的误解。而且，好朋友之间恰到好处的麻烦，能够增进友谊。

可以在朋友圈先说事件，再抛出问题。引发共鸣之后，再寻找解决问题的办法。

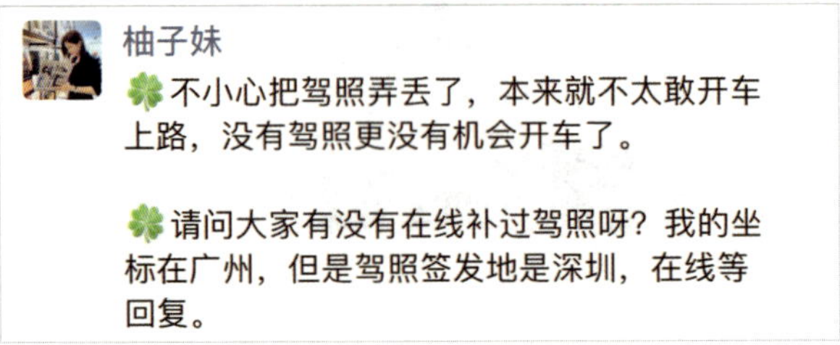
柚子妹

🍀不小心把驾照弄丢了，本来就不太敢开车上路，没有驾照更没有机会开车了。

🍀请问大家有没有在线补过驾照呀？我的坐标在广州，但是驾照签发地是深圳，在线等回复。

发朋友圈模板

在文案的末尾使用设问句，问题必须是对方容易回答的。自己先预判一下问题的难易程度，如果提出的问题让人无从下手，就意味着这是一次失败的互动。

参考文案：

（1）最近又胖了，裤子都穿不进去了。有没有好的瘦身方法推荐？在线等回复。

（2）朋友圈文字又被折叠了，发个朋友圈让我好焦虑，有不被折叠的方法推荐吗？非常感谢。

（3）熬夜熬出了黑眼圈，已经成为“国宝”。很想改掉熬夜这个毛病，有好的方法推荐吗？

文案结尾推荐

- 在线等回复，急。
- 发红包重谢。
- 有好的推荐吗？

第三种，赠送福利法

学会给朋友圈“交租金”。我们在线下开店铺，每个月都要给房东交租金，同样地，我们在朋友圈开“店铺”，也可以在朋友圈适当推出一些福利活动，给朋友圈的好友谋取福利。

在朋友圈送书是不错的选择。书是非常好的社交货币，成本不会很高，而且还可以打造爱看书的人设。

发圈模板

赠送福利这个方法屡试不爽，可以按以下两个思路来进行：第一，点赞送精美礼品或发红包；第二，点赞送产品试用装。

文案参考模板：

（1）最近买了 ××，感觉很不错，可以与 ×× 媲美，想要与你一起分享。

（2）感谢一直支持我的你，凡点赞顺序号尾数是 8 的，我包邮送 ×× 回馈大家。

把规则说清楚，比如“点赞第 × 名，包邮送 ××”，或者是“我的幸运数字是 3，点赞顺序号以 3 结尾的都送 ××”。尽量让这个福利与朋友圈中的每个人都相关，让你和朋友圈的好友产生更多互动。

互动性比较高的文案类型有以下几种。

- 能引起别人好奇心的朋友圈。
- 求助或征集意见的朋友圈。

- 调侃自己的朋友圈。
- 好玩、幽默的朋友圈。
- 有奖品、送福利的朋友圈。

我们可以做一次自检，按照 3 天 1 次的频率，适当穿插这些内容，提高朋友圈的互动性，让自己的朋友圈生动、有趣，让别人看了还想看，看了就想买。

用“柚子体”文案发朋友圈的方法

很多人发的朋友圈文案冗长，也没有重点，因此，能点开看完的人寥寥无几，触达率降低，成交率自然也不会高。

如何改善这种情况呢？我们可以做一个取舍，先对文案的篇幅进行调整。不要让文案超过 7 行，这样，整个文案就不会被折叠，看起来比较整洁。而且哪怕对方没有完全看完你的文案，但刷朋友圈滑过的瞬间，也能看到大部分的内容。

我用“柚子体”文案发了一年的朋友圈。这种方法很多人都喜欢并进行模仿。那么，“柚子体”文案是什么样的呢？

文案分为两段，中间空一行，每段文字前面加个小图标，且文字都是对齐的。

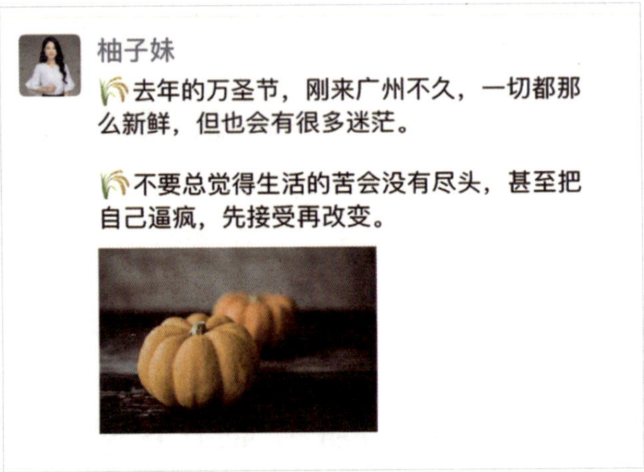

“柚子体”的精髓

第一段：场景构建。

很多人可能会问：如何构建场景？这其实并不复杂。

第一，善用六要素组合来讲故事：时间、地点、人物以及事件的起因、经过、结果。你可以任选 3 个要素，组词造句，建立画面感，通过特定的素材，让别人“看见”你真实的生活。

只有不断地被看见，才能够被记住。长时间地坚持，就能够建立信任。有了信任，才能为进一步成交做铺垫。

第二，多用动词展现生动的画面，比如吃了什么、买了什么、去了哪里、做了什么。这种方式很容易让别人产生联想。

如果你构建的画面能够引发人的思考，你的文案就成功了一半。

第二段：思想升华。

很多人对思想升华都有一个错误认知，以为文字要非常优美，但事实上，好的思想升华的文案需要的是真实且与你相关。

我们需要的并不是单纯地追求辞藻的华丽，而是如何展示我们的生活。我们可以把一些琐碎的事情用文字提炼、修饰以后展示在朋友圈里。

当你把一杯白开水般的生活过得像加了蜂蜜一样甜时，自然能够吸引别人的关注，还能增加别人对你的好感。

如果你想写出高质量的朋友圈文案，走心是前提，真诚是最好的策略。

如果你把发朋友圈当作一个习惯，就像吃饭、睡觉、呼吸一样自然，那就谈不上苦苦坚持了。因为它已经融入你的生活和工作，这就是最佳的状态。

提升写朋友圈文案的能力是一个循序渐进的过程，每天让自己进步一点点，坚持能够带来大改变。

04

问答·拆解柚子妹朋友圈文案，揭开48小时带货百万元的秘密

电影《后会无期》里有一句经典台词："从小听了很多大道理，可依旧过不好我的生活。"这句话我们也可以解读为：知道了一些方法，但如果不亲自实践，那就无法为你所用，更谈不上变现。

"纸上得来终觉浅，绝知此事要躬行。"所有的成功，都源自不断从实践中总结经验，在经验中提炼方法并加以修正。不要假装努力，这只会感动自己，时间会给你想要的结果。

经过这几年的努力和积累，我利用自己总结的"朋友圈预热＋社群发售"方法，一次次刷新了自己的业绩，创造了48小时创收100万元的纪录。

拆解我的朋友圈文案，或许能够为大家揭开48小时卖货百万元的秘密。

问题 1：朋友圈销售只能选一种产品吗？

朋友圈销售并非只能选一种产品，可以选多种产品。

比如，柚子是季节性产品，我在短期内卖火了，与客户建立了信任关系以后，我又引入了其他产品。

如果只卖一种产品，意味着我们要去找更多的流量。我们可以慢慢地积累，建立自己的产品矩阵，让一个顾客多次购买我们的产品。

问题 2：客单价对成交和创收的影响大吗？

我的学员经常问我：我的产品价格太高了，卖不出去，怎么办？

其实，我也遇到过同样的问题。我们总是认为客单价高的产品会让顾客“望而却步”，从而影响我们的成交量和最后的创收。就像我之前卖柚子，柚子的客单价比较低，如果想要创造百万元的销售业绩，确实比较难，但想要在短期内业绩翻倍却是可以的。比如，第一个月我卖了 5000 元的柚子，第二个月通过“朋友圈预热 + 社群发售”的形式，我就卖出了 10000 多斤的柚子。

但如果一开始你就想要高创收，客单价势必是影响你创收的关键因素。

我曾经尝试过从减肥产品切入，把客单价提高，大概是 3000 元一单。一开始，销售情况并不好，虽然第一个月我做了 40 多万元的销售业绩，但是，成交量不如卖柚子高。然后我迅速作出了针对消费人群的战略调整，业绩也有了新的突破，100 万元、200 万元的销售业绩随之而来。

柚子是大众消费品，虽然单价低，但是消费群体广泛，复购率高。减肥产品需要针对特定的消费群体，但是它客单价高，用户黏性好，如果找对人群进行销售的话，就可以创造可观的销售业绩。

由此可见，客单价对创收有一定的影响，但只要及时调整策略，销售业绩是可以实现突破的。

问题 3：卖一款产品，是先铺垫，还是先宣布？

不管先铺垫，还是先宣布，其实都只是一种方式而已，可根据自己的实际情况进行选择。

第一种，先铺垫，再宣布。

可以提炼一个思路：我买了，效果不错，推荐你使用，纯粹当作好物来分享。这种方法对很多没有在朋友圈卖过货的人来说是一种过渡，也会比较容易接受，哪怕失败了，也不会觉得尴尬。

第二种，直接宣布，笃定选品的自信。

直接宣布可以节约前期铺垫的时间成本，为后期的社群推广留出更多的时间。

当初我做减肥产品的时候就是找了个合适的机会直接宣布。先在朋友圈宣布，然后在社群发售，在短期内把这款产品卖爆。

问题 4：卖产品前你是如何在朋友圈进行铺垫的呢？

我是一个长期主义者，很擅长用暗示法、铺垫法。在朋友圈进行铺垫，我采取的策略是：软广与原创内容相结合。

原创内容是最打动人的。我用原创内容发朋友圈，记录人生、记录成长。朋友圈的好友知道我的家人，知道我在哪个城市，知道我去了哪里、上了什么课、卖什么产品……这些原创的生活圈记录，也是为产品圈做的铺垫。

当初刚开始做减肥产品的时候，我是这样进行铺垫的。先说出自己的肥胖烦恼，还把体重以及称重照片都发了出来，然后说明我自己正在使用该款产品，请大家一起见证我的减肥历程。朋友圈要的就是真实、接地气。让别人见证自己的瘦身过程就是最好的广告。

问题 5：如何在社群中植入产品？

在社群中植入产品一般有两种方式：直接植入和用故事带入。

直接植入适合一些专为某种产品而建立的社群。比如，你可以在朋友圈直接说“想团购柚子、团购樱桃的朋友请扫码进群”，这样建群以后就可以直接发产品信息，越详细越好。

对于减肥产品这种类型的产品就不适合简单粗暴地植入，而需要用故事带入。可以多发一些结果导向的广告信息，比如最有视觉冲击力的就是瘦身前后的对比图。

对于用故事带入的产品，做社群发售时一定要找到产品的卖点以及用户的痛点，然后进行广告宣传。

问题 6：怎样组建一个比较活跃的社群？

产品批量成交一定离不开社群，而快速组建自己的第一个社群，需要有“钩子”。

我们可以将发红包当作一个“钩子”。在组建减肥活动社群时，我的“钩子”是：如果减肥失败，给群成员每人发 200

元红包。但这个社群，我没有做成免费的，我的朋友圈是这样写的：想要围观的，每个人发 18.88 元红包给我。

就这样，我把这些好友组织起来，建立了一个近 200 人的社群。我会经常在群内分享自己的减肥经历，活跃社群气氛。而社群成员对这件事的关注度也较高。就这样，一个比较活跃的社群就组建成功了。

如果减肥失败，我需要向社群成员支付 40000 元。我是一个很有目标感的人，赚钱并不容易，我不会轻易把这 40000 元输掉。

另外，我会经常在朋友圈分享我是如何捍卫这 40000 元红包的。有些不明就里的人可能会好奇我为什么会经常说“捍卫 40000 元红包”，想搞清楚是怎么回事。所以，朋友圈的剧本就顺理成章地产生了。

问题 7：能否拆解一下社群发售的关键节点？

第一，先发通知。

让更多的人知道什么时候有什么主题进行分享。

第二，开场发红包进行互动，让主持人烘托气氛。

红包金额不要太小。

第三，在分享过程中不要完全禁言。

有互动的情况下，社群成员才会活跃，也才更容易成交。还有一点，如果氛围不错，还可以将其截图，作为发朋友圈的素材。在分享过程中，要找一些运营人员维持社群秩序、烘托社群气氛。

第四，社群接龙的文字引导也非常关键。

一定要把关键的内容写清楚，否则，社群接龙的队伍就会乱，影响成交。

第五，分享后私下追销。

有些活动分享完后的转化情况可能不是特别理想，这时不要气馁，因为有些人在犹豫，有些人可能还没来得及听，要私下进行追销。

第六，朋友圈剧本要跟上。

对于社群取得的业绩，一定要在朋友圈晒出来。这个动作可以持续刺激那些还在犹豫的人。

问题 8：你怎么看朋友圈晒单？

有人讨厌晒单是正常的，但晒单是卖货必不可少的组成部分，我们发朋友圈要遵循诚信原则，绝对不要造假。

如何让潜在客户信任你？如何让朋友圈晒单更可信？

推荐给你个晒单技巧：挖掘晒单背后的故事。故事容易被记住，也能够打动别人。

比如，你成交一个客户花了很多时间和精力，那么你就可以把这个过程写下来，讲述你们之间的故事，这样会更加真实可信。

此外，可以巧用数字来晒单。我自己也会用一些数字来暗示自己取得的成绩。

比如，“去年的 100 万元销售额我用了一年来做，这次的 100 万元我将用 48 小时来完成”。100 万元的销售额如果每一条都拿出来晒，那一天都晒不完，所以要巧妙地运用数字。

- 从私推文案开始，营造紧迫感
- 做好规划和复盘，我们才有翻盘的机会
- 两步突破客户心理防线，让成交变得更轻松
- 别犹豫，发起团购，一次收获多倍成单量

第五章

CHAPTER

5

变现：创造属于你的百万价值

01 从私推文案开始，营造紧迫感

当我们得不到想要的结果的时候，就会陷入恶性循环，陷入焦虑的境地。

带着目标去行动，专注投入，持续付出，这样你就会发现自己根本就没有时间焦虑,很多事情并没有你想象的那么糟糕。

我们都是普通人，要在有限的时间里提升自己，拓展升值空间，创造更大的价值。

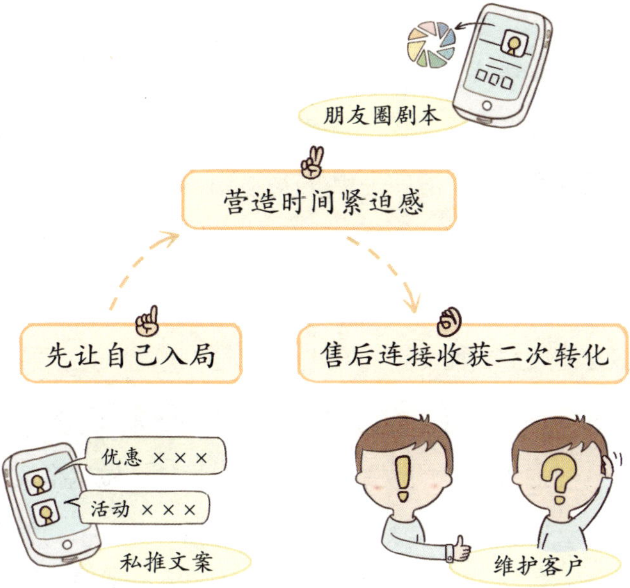

私推文案，先让自己入局

微信朋友圈是重要的变现渠道。但如果不入局，我们连机会都没有。选择了卖货才能盘活原有的资源，利用好“朋友圈文案 + 私推文案”，可以在短期内激活人脉并且迅速变现，让你找到副业赚钱的新路径。

很多人知道我卖柚子卖得不错，这些是我利用**“朋友圈 + 社群”**来做到的。我原本不好意思主动发信息给别人，为了突破这一障碍，我给自己设定了“24 小时卖 1000 箱芒果”的目标。

很多人在尝试新的项目之前，一定会很焦虑，担心没有做好会受挫。但害怕失败是成功路上的绊脚石，我们必须第一时间克服困哪，剩下的就是想办法达成目标。

害怕什么，就去面对什么。纯粹靠发朋友圈卖芒果是有一定难度的，所以我这次增加了私推文案。对于很久不联系的微信好友，通过私推文案的方式重新建立联系。

我们在写私推文案时需要注意，私推文案不能是冷冰冰的广告，要加入自己的故事，比如，你为什么做这个项目，你曾经有什么成绩。很多人虽然是你的微信好友，但对你是没有太多了解的。除了做简单的铺垫，最重要的是要对产品和活动进行介绍。

私推文案必备要素

- 向对方打招呼，简单介绍自己，包括名字以及此次联系的目的。
- 介绍产品信息，即卖的是什么产品，让对方清晰明了。
- 介绍活动详情，让对方感觉不买是吃亏，使其迅速下单。
- 文字介绍之后，一定要配一张产品图片，便于对方直观了解。

私推文案分享

> 嗨，亲爱的朋友：
>
> 我是柚子妹。
>
> 我曾经6小时卖掉1.3万斤柚子，今天“挑战24小时卖1000箱芒果”，希望得到你的支持。
>
> 百色小台芒果，每箱有9斤中大果，一斤6个左右。皮薄核小，肉质鲜嫩，自然生长，天然无公害。原价88元/箱，限时特价49元/箱，买5箱送1箱。我想把夏日的这份芒果甜送给你，你也可以送朋友，礼轻情意重。

写好了私推文案，就可以利用微信自带的“群发助手”功能，一次性群发200人。第一次群发200人的时候需要对自己进行心理建设，突破之后，剩下的私推进展就会顺利很多。事实证明，私推并没有那么难，结果也没有那么糟糕。

朋友圈剧本营造时间的紧迫感

当你开启了某个项目之后，不管用私推文案还是用社群成交，都离不开朋友圈剧本。每个人看你的朋友圈都存在概率性问题，如果你能用好朋友圈剧本，那么就能引起别人对你的兴趣，他们甚至会去翻看你之前的朋友圈。

在私推文案发送给微信好友后，朋友圈剧本文案也要同步发起来。下面给大家分享我“24 小时卖 1000 箱芒果”的朋友圈剧本文案。

朋友圈剧本文案一

挑战卖 1000 箱芒果

买 5 箱送 1 箱，原价 88 元 / 箱，限时特价 49 元 / 箱。

我曾经 6 小时卖掉 1.3 万斤柚子，今天想挑战 24 小时卖 1000 箱芒果，希望得到你的支持。

百色小台芒果，每箱有 9 斤中大果，一斤 6 个左右。皮薄核小，肉质鲜嫩，自然生长，天然无公害。

我想把夏日的这份芒果甜送给你，你也可以送朋友，礼轻情意重。

与私推文案同步，在朋友圈宣布要做什么活动，为接下来的活动进展做铺垫。

朋友圈剧本文案二

芒果 49 元 / 箱，买 5 箱送 1 箱

今天做个芒果妹，忙得不亦乐乎。

挑战 24 小时卖 1000 箱芒果，干！

不做思想的巨人，行动的矮人，对吗？

朋友圈剧本文案三

芒果卖爆了！

来 5 箱？10 箱吧。

做了一个活动，买 5 箱送 1 箱，49 元 / 箱。百色小台芒果，每箱有 9 斤中大果，一斤 6 个左右。

拼手速了，明天中午截团。私聊我发地址。

朋友圈剧本文案四

为了卖芒果，小龙虾也不吃了

昨晚有人请吃小虾龙，但我忙着卖芒果，没去吃。

我可以6小时卖1.3万斤柚子，现在挑战24小时卖1000箱芒果，让我热血沸腾。

百色小台芒果，每箱有9斤中大果，一斤6个左右。皮薄核小，肉质鲜嫩，自然生长，天然无公害。

原价88元/箱，今日特价49元/箱，另外，买5箱送1箱。自留两箱送朋友、送家人，好吃又实惠。

朋友圈剧本文案五

今日芒种，挑战卖1000箱芒果

芒种芒种，有收有种。始于希望，终于丰盈。生活同样也是一亩田，你种下希望，才能收获希望。

一分耕耘，一分收获。今日芒种，希望我们都能为生活忙碌，但不盲目。

百色小台芒果，原价88元/箱，限时特价49元/箱。买5箱送1箱。

如果你收到我的私发信息，那是我全力以赴迈出的第一步。

今日卖1000箱，这个目标我非完成不可。当然也希望得到你的支持，这样会更圆满。

朋友圈剧本文案六

24 小时挑战卖 1000 箱芒果

芒果已卖 920 箱，柚子妹说到做到。你可以不吃不喝不睡，但你不可以不努力。全力以赴的感觉，很爽，你试试。

我离 1000 箱还差 80 箱。

百色小台芒果，每箱有 9 斤中大果，一斤 6 个左右。皮薄核小，肉质鲜嫩，自然生长，天然无公害。最后一小时，手慢无。

朋友圈剧本文案七

24 小时，挑战卖 1000 箱芒果成功

今天下午完成了目标，憋到现在才发朋友圈。我一直在线下做分享、见代理。最后以 1057 箱芒果收官，还有很多人没来得及下单。在这个过程中，我最大的收获是克服了所有的困难。目标是凝聚团队力量的工具。

怎么卖？怎么干？布局，策划。私推文案，朋友圈文案，社群发售，全部点燃。为此，我废寝忘食。

我的出现激活了团队的能量。我收获了太多的爱，我不想

辜负自己，更不想辜负信任我的代理。

团队需要一个能扛大旗的人，我带着几百人的团队，必须做表率。虽然私推也会被拒绝，但是我得到的更多的是支持。

当目标达成的时候，团队沸腾了。现在的我，还处于亢奋的状态。我愿意把这个赚钱的机会分享给你们。

不用把朋友圈剧本文案想得太复杂，可以把它当作动态播报，说明在某个时间段发生了什么。在发朋友圈的过程中，每一条朋友圈都可以随机 @10 个人，让这些人被你“种草”。

从私推文案到朋友圈剧本，整个流程是很顺畅的。启动项目后，先写私推文案，并且发送给客户，然后紧扣在完成项目的过程中看到了什么、发生了什么、感受到了什么、收获了什么，最后的结果如何，基本就能写出比较完善的朋友圈剧本了。

通过售后连接收获二次转化

在客户向你购买了产品之后，你们之间就产生了连接。那么，我们应该如何利用这个连接维护好与客户之间的关系呢?

如果没有产品作为媒介，你与客户的聊天内容就会比较干涩，但在客户向你购买了产品比如芒果以后，这种情况就会改变，因为我们需要为客户提供售后服务。售后服务不是在客户拿到产品后才开始的，而是在客户下单之后就要开始，如果你能提前设想到所有的问题，你就战胜了 90% 的竞争对手。

与客户连接的几个节点

- 告知对方，什么时候会发货。
- 查物流信息，比客户还上心。
- 温馨提示，收到产品要验货。
- 若对产品不满意，及时告知。
- 拿到货后，关心客户的体验。
- 朋友圈点赞互动，保持活跃。
- 适合客户的产品，单独私推。
- 不断“种草”，将其发展为代理。

当你看到通过自己的努力，很久未曾联系的微信好友，从你这里下单买东西时，你会发现在朋友圈卖货其实没有那么难，难的是我们还没有开始就已经放弃了。

在朋友圈卖货被拒绝也是正常的，有可能此刻你卖的产品并非对方需要的。当对方拒绝你的时候，不要气馁，而要锻炼自己随机应变的能力。让自己与客户的连接时间更长一点，信任就是在一次又一次的沟通中得以巩固的。

02

做好规划和复盘，我们才有翻盘的机会

如果仅仅把发朋友圈当作娱乐，那么你可以随心所欲地发，不用考虑排版，也不用考虑受众，完全取悦自己就行。

但是如果你是为了变现，而自己又不在变现的路上努力，就很容易失败。边学习，边总结，边成长，在朋友圈变现的道路上，经过不断规划和复盘，我总结了一套适合普通人复制、模仿的方法。

规划，即针对未来很长一段时间内朋友圈的发布时间和发布内容等制订一个整体性的计划。规划可以帮助我们更好地与微信好友建立长久的连接，为实现朋友圈变现埋下伏笔。

复盘是总结过去的经验，找到适合自己的方法，找到成功的路径。复盘的深度决定了自我成长的质量，复盘的频率决定了自我成长的速度，复盘的持续性决定了自我成长的上限。复盘是人人可为的一个简单的动作。

通过规划提高发圈质量和速度的 3 个方法

怎样进行规划才能提高发朋友圈的质量和速度呢？

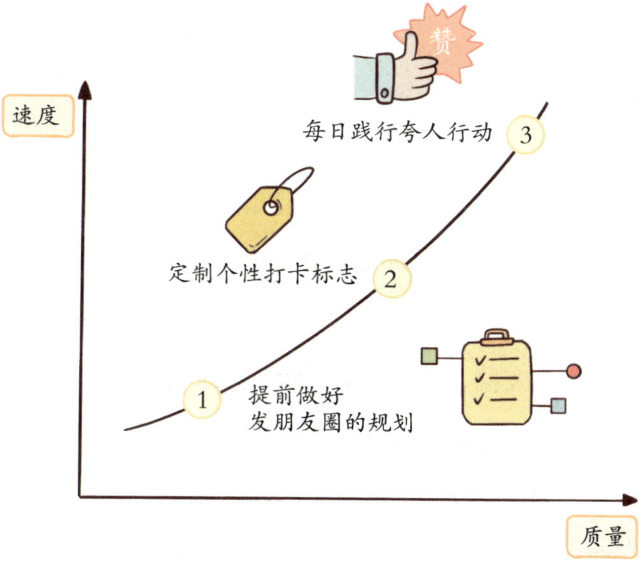

▶ 第一，提前做好发朋友圈的规划

每个人每天发朋友圈的数量不一样，但如果你想要把朋友圈“店铺”开起来，至少每天要坚持发 4 条原创朋友圈。

这 4 条朋友圈我是这样安排的，其中 3 条是铺垫文案，内容包括生活、学习、娱乐等方面，另外 1 条是软广或者硬广，简称“3+1”发朋友圈法则。

在发布时间上，我建议选择以下几个时间段。

- 早上：07：00 — 09：00，起床、通勤时间。
- 中午：11：30 — 14：00，吃饭、午休时间。
- 下午：16：00 — 17：00，下午茶、休息时间。
- 晚上：20：00 — 24：00，娱乐、休闲时间。

一开始可以在这几个黄金时间段来发朋友圈。当你拥有更大的发挥空间的时候，就可以摆脱时间的束缚。只要你有灵感，就可以马上发朋友圈，不用再等所谓黄金时间。

我们只要把自己想表达的内容及时表达出来，激发所有的灵感，再配上合适的文案，就有可能打动别人。

不管你写的是干货还是心灵鸡汤，只要内容能够让客户感同身受，你就成功了一半。在内容上也要做好规划，让产品和生活相结合，简称“软硬结合”。

9 条朋友圈规划案例分享

- 专业圈：早安单词[①]，学习展示。

① 每天早上分享一个英文单词，并配上一些激励他人的句子。

- 生活圈：分享生活，拉近距离。
- 生活圈：好剧推荐，增加互动。
- 产品圈：产品知识，宣传产品。
- 晒单圈：团队出单，营造氛围。
- 专业圈：英语干货，塑造专业。
- 人设圈：读书笔记，输出价值。
- 人设圈：每日复盘，持续精进。
- 团队圈：团队视频，持续打卡。

以上这几种朋友圈规划主要用于凸显自己的人设，广告植入的内容会少一些。前期多一些价值输出，为后面的卖货做铺垫，也是一种比较可取的发朋友圈的方式。

10 条朋友圈规划案例分享

- 专业圈：纯干货输出，打造专业形象。
- 人设圈：写读书笔记，输出价值。
- 人设圈：推荐一本书，拉动需求。
- 生活圈：晒午餐图片，拉近距离。
- 专业圈：推自己的课，展示实力。
- 产品圈：晒产品故事，植入软广。
- 生活圈：晒当下事件，植入软广。

- 产品圈：晒产品视频，植入软广。
- 招商圈：晒代理业绩，吸引同频的人。
- 团队圈：晒团队视频，持续打卡。

对于以上这几种朋友圈规划，上午可以偏向于发人设圈，广告可以少一些，因为大家在上午都处于比较理性的状态，所以发一些能够引起共鸣的文案，可以获取更多的好感。下午和晚上就可以慢慢植入广告，引导客户下单。

每条朋友圈都写上自己的目的，明确发朋友圈背后的意义。这样既可以提高发朋友圈的效率，还可以调整广告圈和人设圈的比例。找到最适合自己的频率，让发朋友圈不再是一件苦差事。

第二，定制个性打卡标志

如何让朋友圈的人记住你，看到某一标签就能联想到你呢？

你需要先找到属于自己的关键词，然后将其充分地进行展示。把你的擅长点用打卡的方式持续放大，这样才比较容易被别人记住。一个人的标签想要被别人记住，一定要持续地强化。

朋友圈打卡标签推荐

比如，自律时间管理、旅行路上、减脂行动、英语每日说、财富精进、感恩笔记、每日复盘……

每条打卡一定要加上时间，通过时间来凸显你坚持的过程。所有的信任都需要我们每天花心思去经营。时间看得见我们的努力，坚持会带来大的改变。

我自己的关键词是：坚持、信任、希望。

“坚持”是一个很小的动作，经过 365 天的坚持，再乘以一个 7，几千个日日夜夜，让我从职场小白转变为创业者，所有的个人喜怒哀乐，都展示在朋友圈里。很多人说：“柚子妹，我是看着你成长起来的，你真棒！”

坚持在朋友圈打卡，一定会被看见。如果没有被看见，一定是你坚持得还不够久，导致半途而废。

从陌生人身上获得信任是一件比较困难的事情。**信任一定是建立在某个事件的基础上，通过长时间的积累才能够获得的**。

我每天发的最后一条朋友圈是陪伴式的晚安打卡，来培养微信好友的阅读习惯，当他们看到我是一个有始有终的人，他们对我的信任也会慢慢增加。

▶第三，每日践行夸人行动

微信好友就相当于我们的客流量，我们需要让这些客人能够对我们的“店铺”印象深一些，这样当他们有需求的时候才会第一时间想到我们。

在哪些场合可以夸人呢?

- 在人多的微信群内，可以 @ 对方。
- 想要单独沟通时，可以私聊对方。
- 想要让更多人看到，可以发朋友圈。

比如，你进入一家甜品店，对方除了给你提供你点的甜品，还会特别关心你，而且整个店铺营造的氛围也很温馨，尤其是当你心情不好的时候，能得到问候或者是意外的赞美，会让你感到这是在陌生的城市收到的最温暖的礼物。你对别人真诚的赞美在温暖和鼓舞他人的同时也完善了自我。

文案复盘，助力成长

在一个项目结束时或者每个月的月末，我们都可以进行一次复盘，审视自己的朋友圈文案中哪些是可以继续使用的，哪些是需要持续改进的，以及哪些是可以舍弃的。

统计文案的点赞数和评论数，总结出朋友圈文案最适宜发布的时间和内容。

统计产品圈文案的订单量，总结出最适宜的产品圈配图及配文。

无复盘，不成长。客户的黏性是花时间培养起来的，你的时间花在哪里，结果就会在哪里。

很多人不能坚持发朋友圈的一个原因是没有提前作规划，每天都是手忙脚乱的，发的文案也是急匆匆地编写出来的，如果不复盘，我们不可能知道哪种类型的文案最受欢迎，客户看了以后愿意埋单；如果不复盘，我就不可能开发出原创系列课程“朋友圈掘金术”，让更多的人实现朋友圈变现。

每个人都是特别的存在，而你恰好活成了别人想要成为的样子，自然会吸引很多同频的人关注你、喜欢你。如果你没有更好的选择，那么就跟朋友圈“死磕”到底吧。

03 两步突破客户心理防线，让成交变得更轻松

在朋友圈卖货，除了需要会写文案、会拍照、会修图，更要懂得洞察客户的心理，这样才能顺利成交。

当你的思维从卖货思维转变为客户思维，当你把目光从产品转移到客户身上的时候，你就成功了一半。

打造人设，赢得客户信任

要想赢得客户信任，首先需要打造人设。

用好人设复利

一般人都会觉得打造人设是为了卖货，但其实如果你想长期卖货，那么你选择的每一个产品，都应该是为你的人设服务的。

这里有一个概念叫“人设复利”。

人设复利是指我们通过卖出某件产品给客户带来价值后，继续维持与客户的关系，最后与客户建立长期关系，为彼此带来长期价值。

如何用好人设复利呢？

比如，我卖柚子是因为大姨家的柚子收成很好，但是滞销，卖不出去会烂掉，损失很大，我主动帮她卖柚子就打造了一个利他的人设。

再如，我卖膏药是因为我妈妈在多年前做了手术，但是留有后遗症，腿经常会麻，走不了很远的路，我买膏药是给妈妈用，有效果以后再进行推广，这就打造了一个孝顺的人设。

当一个人愿意把成长的过程不断地分享出来时，是会被微信好友认可的。很多人见证你一步一步成长的时候，你的可信度也会慢慢提高。

▶ 注重人设的长期性

打造朋友圈人设很不容易，一旦你失去了别人的信任，就很难挽回。**所以我们在选择产品的时候，一定要把好关，确保产品品质。**

如果你卖出10个产品，有8个出现了质量问题，那你的朋友圈“店铺”就该关张了。

不要因为一时的暴利而误入歧途，最后导致人设崩塌，得不偿失。

我们要学会抵制高利润的诱惑，不要把客户当作韭菜，客户被你收割一次,还会有第二次吗？我喜欢做细水长流的生意，所以对选择产品是非常看重的。在朋友圈卖货这件事情上，我们要思考这样一个问题：你是长期主义者吗？

阐述立场，以退为进攻破客户心理防线

在我们报完价格后，很多客户会说“问问老公的意见”“再考虑看看”“下个月发了工资就买”……这些熟悉的对话场景，相信你也经历过。

其实被拒绝是正常的，如果每个客户都买了，那么“努力”二字就变得没有意义了。同样地，被讨价还价也是正常的，有可能就是顾客的口头禅，顺口就说出来了，但你却纠结半天，在想该怎么回复才不会跑单。

这时，我们可以在朋友圈公开表明自己的立场，比如一分价钱一分货。利用朋友圈文案来阐述你的立场，可以筛除一波

人，留下的都是同频的人。比如，有一个宝妈很想跟我赚钱，想做我的代理，但是又列出了一堆不能行动的理由。于是，我发了这样一条朋友圈：

什么都不行，就花钱最行。

我们要利用朋友圈文案来替我们发声，做任何事情都需要付出，天上不可能掉馅饼。不好直接对客户说的话，可以写在朋友圈里。当你敢说真话时，喜欢你的人会更喜欢你。

了解客户的心理，攻破客户的心理防线，才能让成交变得更简单。产品买卖的背后其实并不只是产品本身，还包括连接的价值，放大这个价值，我们的业绩就可以翻倍。

04 别犹豫，发起团购，一次收获多倍成单量

想要批量成交客户，你会通过什么方式来做？

我会借助社群的力量发起朋友圈团购。“团购”就是团体购物，即把认识或不认识的客户联合起来，让大家以比较优惠的价格购买某个产品。朋友圈团购就是指你在朋友圈集中一批客户，一起购买某个产品。

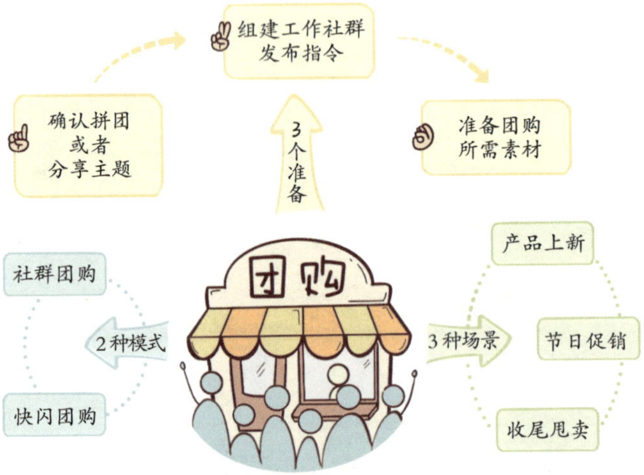

根据朋友圈运营情况选择合适的团购方式

朋友圈团购是集中型的短期促销，前期的人设打造和引流做得越好，团购的效果就越明显。

在学会团购之前，你的销售有可能是一对一的，一次只能服务一个客户。试想一下，如果能做到一次服务多个客户，就可以节省更多的时间，卖出更多的产品。

我将朋友圈中的**团购模式分为两种，第一种是社群团购，属于中长期的购物模式；第二种是快闪团购，是节省运营成本的短期购物模式**。了解了朋友圈团购的分类，才能根据自己的实际情况作选择，不至于消耗太多的人力和物力。

社群团购是一种通过朋友圈，将人群引入社群，运营周期较长的团购模式，需要花一定的时间和精力来运营。

社群团购一般是定期举行，比如 1 ~ 3 个月举行一次。这对社群运营能力有比较高的要求，要不然容易变成“死”群。而经过多次社群团购后，固定群体会沉淀下来。

快闪团购的核心词是“快”，一般快闪团购群的存在都不会超过 48 小时，它是即开即散的，快速便捷，可以节省很多社群运营成本。

快闪团购可以半个月或一个月做一次。参加快闪团购的人群基本上都是精准的，所以不会拖泥带水，操作起来也干脆利落。

快闪团购的整体流程跟社群团购相似，但因为时间上有区别，所以对整个流程的策划要求更高，否则很难出效果。新品发布非常适合做快闪团购，比较容易满足客户的好奇心。

快闪团购还有一个好处，就是可以将销售和售后分开处理，避免产品差评直接展示在公众场合，影响产品口碑（这种情况比较适合私下解决）。大家可以根据自己产品的情况和实际需求选择合适的团购模式。

什么时候适合团购

“没有机会，我们也要创造机会。”首先，你要创造一些可以做团购的场景。我总结了三个时间节点，你可以利用这些时间节点收集素材，发起团购。

第一个是产品上新，新产品刚推出来的时候一般都会有优惠价，在前期做好铺垫，到正式售卖的时候就能聚集人气。

第二个是节日促销，比如圣诞节、元旦、春节等，还包括“双十一”和“双十二”。

第三个是收尾甩卖，这个比较适用于售卖季节性的产品，为避免压货，给出优惠价。

团购的三个准备工作

将才不打无准备之仗，只有做好了准备，团购活动才能有条不紊地顺利开展。

▶第一步，确认拼团或者分享主题

- 你要卖的是什么产品?
- 你与这个产品有什么故事?
- 你的业绩目标是多少?

在分享之前，要认真梳理你与产品的故事，这样能够拉近你与客户间的距离。在恰当的时机，再结合产品卖点，将产品植入进去。

▶第二步，组建工作社群，发布指令

团购活动也是团队行动，一个人很难完成，需要团队成员之间互相配合。组建一个由社群场控、社群助手、社群演员组成的工作社群十分必要。

社群场控承担活动总统筹的工作，随机应变，如若发现社群危机，需要第一时间处理。

社群助手负责维护社群秩序，调动社群氛围。好的社群氛

围能促进成交，提高成交率。

社群演员也要提前安排好，可以烘托社群氛围。

▶ 第三步，准备团购所需素材

素材包括产品图片、使用方法、优惠方案、客户证言、往日业绩、社群规则等。

我们要选择高清、简洁的产品图片；使用方法最好能分几个方面来说明，不要太啰唆；优惠方案要让客户产生自己在占便宜的感觉；客户证言可以使用之前的聊天记录截图，删掉不必要的内容，抓取重点信息即可；将往日业绩做一个汇总，为预热销售做好准备，营造火爆的销售场面；社群规则要事先制订好，避免进群的人不是想买东西的人。

组建团购社群注意事项

▶ 设置群名：主题突出且方便记忆

设置群名有一个小技巧，即群名中的数字不一定要从 1 开始设置，可以从 10 或 15 开始设置，让客户产生“活动很火爆”的心理感受。

除此以外，还可以在取名字时，把群规“禁互加”写清楚，把产品名字写上，同时把福利情况写下来，这样，客户才知道到底是做什么活动，例如“禁互加：袋泡花茶福利群”。

还有一种规则叫“轻禁言”①。在建群过程中，为了避免很多人说很多无关紧要的话，造成刷屏，可以在群名中注明“轻禁言”3个字，这样就会起到比较好的约束作用。什么时间、谁分享、主题是什么都可以写在群名中。例如“轻禁言：今晚8点柚子妹分享朋友圈文案写作经验”。

▶ 设置进群欢迎语

客户进群时，一定要主动欢迎他们进群，增强仪式感。不然他们会觉得这个群没有人气，自己不受重视，影响其之后的体验。

设置进群欢迎语的注意事项

- 明确社群的调性。
- 明确群成员所属群体。
- 文字简洁有重点。
- 营造轻松愉快的氛围。

---

① 轻禁言即不完全禁言，但同时也不允许随意闲聊刷屏。

通用版本

欢迎@×× 的加入，进群请修改昵称：邀请人+你的名字。活动将于今晚8点开启，敬请期待哦。

活跃型

欢迎小可爱进群，进群后可以先看下群公告。有任何不明白的，都可以问我哦。

传递价值型

欢迎@××× 加入××××，我们一起践行感恩、坚持、沟通、创新的使命，一起又瘦又美又有钱。

把你的价值观或者社群使命观提炼出来，安排几个运营人员，@新进群的小伙伴，列队欢迎。如果时间允许，还可以让新进群的小伙伴做自我介绍，活跃一下气氛。

▶ 设置群公告：把社群公告当作文案来对待

社群公告可以通知到所有没有退群的客户，把社群公告用好，不仅可以降低运营成本，还可以提高成交率。

社群公告包括六要素，只要融入这六要素，基本上就能把活动规则说清楚，且可以腾出很多时间来做其他成交动作，而不是一直在简单且重复的问题上浪费时间。

这六要素是活动时间、活动主题、优惠力度、 产品介绍、参与方式、答疑人员。

案例分享一

梨膏拼团立省 40 元活动

嗨，各位小伙伴们，感谢大家一直以来的支持。

我将发起为期 3 天的梨膏拼团活动。梨膏能祛痰、止咳，润肺效果好，16 斤梨才能熬制 1 斤梨膏。原价 238 元 / 瓶，现价 198 元 / 瓶，每瓶省 40 元。

活动时间：2020 年 3 月 20 日 20：00 至 22 日 20：00。

搬好小板凳，明晚 8 点，一起把梨膏带回家吧。

如有疑问，请联系社群助理 ××。

案例分享二

瘦身产品体验活动

嗨，各位小仙女，每逢佳节胖5斤，摸摸小肚腩，有人恐怕胖了10斤。别担心，给你推荐瘦身产品来了，亲测有效，我已经累计瘦了16斤。

现在不需要3000元，仅需699元就可拥有10天的瘦身体验，让你轻松瘦3～5斤。它是以谷物为原材料制成的，能有效祛湿、去水肿，能让你瘦身，不反弹，也不用挨饿。

活动时间：2020年3月20日至30日。

早点下单的话，就可以早点跟你的赘肉说再见啦。

明晚开启活动，准备好体重秤、软尺，一起开启瘦身之旅吧，有问题可以随时问我，我是你的贴心小管家。

提前规划朋友圈剧本

朋友圈剧本至少要连续3～5天曝光，这样才能够引起客户关注。所以，在我们想做活动的时候，其实应该提前有策略地规划朋友圈剧本，而不是临时抱佛脚。

朋友圈剧本是有剧情性的，预热、入场、开场、高潮、结尾，各个环节都是环环相扣的。下面举两个例子，分别是学习机和瘦身产品，其他产品也可以直接套用这个模板。

▶ 第一天朋友圈文案类型：问卷调查

案例分享一

卖学习机

每天上班很忙，下班还要辅导家里的熊孩子学习，整个过程很虐心。自从用了 ×××，孩子学习自觉很多，辅导现场不再“撕心裂肺”了。

评论区：你有辅导孩子的困扰吗？评论“1”告诉我。

案例分享二

卖瘦身产品

有一种瘦，叫妈妈觉得你瘦。

有一种胖，叫老公觉得你胖。

那你现在是处于哪个阶段呢？

第二天朋友圈文案类型：制造矛盾点

案例分享一

卖学习机

早上，同事大刘又跟我抱怨了。他儿子的学习成绩稳居第一，倒数的。家长为孩子的学习犯愁，学习还得讲究方法。

案例分享二

卖瘦身产品

过个年，一个多月没有见，闺密还是那个闺密，但你已经不是那个你了，腰上多了几圈赘肉，你们还能一起愉快地玩耍吗？

第三天朋友圈文案类型：展示客户证言

案例分享一

卖学习机

今天的心情特别好！

同事大刘的儿子用了我推荐的 ×× 学习机，学习有了很大进步。因此，他买了丰盛的早餐来感谢我。能帮助到他，我也特别开心！

案例分享二

卖瘦身产品

饿了 3 天，最终还是放弃了节食这种减肥方法。闺密给我支招，把保持身材的方法告诉我了，助我脱离苦海。

▶ 第四天朋友圈文案类型：客户咨询产品

案例分享一

卖学习机

同事大刘帮我宣传了，说我推荐的 ×× 学习机很好用。今天我早餐都没来得及吃，光顾着给几个客户解答问题了，很有成就感。

案例分享二

卖瘦身产品

发了个体重，分享了闺密过年不长胖的秘诀。

我成了小客服，挨个回答大家的问题。

▶ 第五天朋友圈文案类型：宣布活动参与方式

让大家在评论区评论“1”进行报名，粉丝精准度会比较高；将二维码发在朋友圈，让大家扫码进群效率会更高。

只要我们认准了一件事情，哪怕没有十足的把握也要开始去做，在行动中复盘，才有可能做得一次比一次好。很多人擅长纸上谈兵，等到需要落地实践的时候就临阵脱逃了。害怕解决不了任何问题，迎难而上才有机会找到破局的方法。

罗振宇在 2019 年的跨年演讲里提出了一个观点：接下来，普通人能快速致富的两大互联网风口是自媒体直播带货和社群团购。而社群团购是人人可为的项目。只要我们愿意花点心思去研究，社群团购其实很容易上手。行动起来，才能得到你想要的结果，而不是在犹豫和等待中失去机会。